Ferdinando Leonzio

Giovanna

- anarchico è il pensiero... -

ZeroBook
2023

Titolo originario: *Giovanna* / di Ferdinando Leonzio

Questo libro è stato edito da **ZeroBook**: www.zerobook.it.

Prima edizione: novembre 2023

ISBN 978-88-6711-230-2

Controllo qualità **ZeroBook**: se trovi un errore, segnalacelo!

Email: zerobook@girodivite.it

Indice generale

Introduzione..9

   L'istinto..13

   Brava gente..16

   Cchiù megghiu..18

   Aurora...20

   La bambola...22

   L'amore coniugale..24

   Complicità...27

   Tonina...30

   Cinema..33

   Amare..34

   Incredibile..36

   Il pentimento..39

   Formiche..41

   Reciprocità..42

   Saruzza...45

   L'Opera dei pupi...49

   L'ultimo favore...52

   L'Aldilà...55

   Psicologia dell'amore mercenario........................59

   INAIL..63

   La cultura...65

Toccata e fuga..69

La protesta di Dante..72

La menzogna...75

Al cuore non si comanda......................................78

L'educazione...82

L'amico intimo..85

Il fumo...88

La laurea..94

Taddarita...97

Nostalgia...100

Il denaro..102

Prudenza...107

Vivo o morto..110

Politica ridens...112

Essere o non essere..116

Un freddo cane...120

Chissà perché...123

Il destino...127

L'ora di religione...131

La colpa è sempre degli altri.............................137

Facìti beni...139

Padre e madre..141

Una danza indiavolata..144

La coperta...146

Ogni lassata è pirduta...148

La fine del siciliano..151

Lo studente..157

Il professore...167

Omonimia..174

Laicità...176

L'esperienza...178

Conclusione...181

Nota di edizione..183

Questo libro...183

L'autore..184

Le edizioni ZeroBook.....................................187

Introduzione

Il presente volume contiene una serie di riflessioni di vario tipo e di brevi resoconti di avvenimenti, alcuni tragici, altri comici e altri ancora curiosi che, complessivamente, potrei chiamare *pensieri in libertà*.

Infatti essi furono scritti cosí come venivano, senza alcuna connessione tra loro, né logica né cronologica: una specie di inno allo spontaneismo, come infatti recita il sottotitolo „anarchico è il pensiero", tratto da un libro del famoso anarchico Armando Borghi (1882-1968).

L'elemento unificante del libro potrebbe forse consistere più nel fatto che essi, tutti assieme, possono rappresentare lo specchio di una vita, di un modo di pensare, di vivere, di sognare; un'indagine psicologica da bere a piccoli sorsi.

In quanto al titolo, esso è dovuto al fatto che la maggior parte dei paragrafi è tratta dalla corrispondenza da me trattenuta con Giovanna D., una mia ex alunna.

Giovanna era una dei circa 600 alunni da me avuti nel corso della mia carriera di insegnante. È una donna dotata di tre importanti qualità: sensibilità umana, equilibrato buon senso, grande capacità affettiva.

Un giorno, precisamente il 12 marzo 2014, quando ero già da molti anni in pensione, avendo visto in internet il mio indirizzo mail mi scrisse quanto qui sotto integralmente riportato:

Buongiorno professore, sono una sua ex alunna anno del diploma 1987, sezione a, Giovanna D. Le volevo solo dire che ancora oggi dopo tanti anni la ricordo sempre: lei è stato il miglior insegnante che abbia mai avuto, io ho avuto la fortuna di fare un lavoro molto attinente al diploma e mi accorgo quanto mi è stato utile il suo insegnamento soprattutto per le materie di economia e diritto. La saluto cordialmente e le auguro una buona vita. Un abbraccio.

Nacque dunque fra noi un affettuoso rapporto filiale e ben presto la considerai come la figlia che non avevo avuto, una figlia che mi è stata di grande conforto in vari momenti difficili della mia vita.
A lei dunque dedico questo libro.

Giovanna
- anarchico è il pensiero... -

L'istinto

Tutti gli esseri viventi hanno insito nella loro natura l'istinto alla sopravvivenza. Ma solo l'uomo è cosciente della caducità della vita. E, come dice Amleto, nell'omonima tragedia, "è *la coscienza che ci rende vili, noi tutti, quanti siamo*".

Mi resi conto della potenza di tale istinto, in seguito a due episodi cui ho assistito, che ritengo assai significativi.

Ai tempi in cui ero ancora un ragazzino, esisteva il servizio comunale dell'accalappiacani. Esso era svolto da un tale che si chiamava Felice: non ho mai saputo il suo cognome, ma egli era conosciuto come *Felice u 'ncagghiacani*. Era munito di un'asta lunga circa un metro e mezzo, che finiva con un cappio, che egli sapeva maneggiare con suprema maestria. Con essa catturava i cani randagi, che venivano caricati sul suo camioncino e portati al canile comunale. Lí rimanevano per un certo periodo, alla fine del quale venivano restituiti ai proprietari o consegnati ad eventuali adottanti; quelli che rimanevano, i più, venivano soppressi.

Molte famiglie usavano allora uscire per la "passeggiata domenicale", che si snodava, in due file, dalla villa "Gorgia" all'inizio di via Regina Margherita e ritorno.

Una domenica, involontariamente, assistetti ad una scena curiosa e drammatica nello stesso tempo.

Tra la folla dei passeggiatori c'erano Felice e sua moglie, vestiti, come tutti, con l'abito buono, che parlavano dei fatti loro. Quando i due arrivarono all'altezza di una nota libreria di via Garibaldi, dall'altra parte della strada, notai un cane che guardava tremante, con la coda tra le zampe, verso Felice, nonostante egli fosse fuori servizio e non si fosse nemmeno accorto di quel cane.

Il cane finí col pisciarsi addosso, per poi allontanarsi di corsa, con la coda fra le zampe, come se avesse capito chi fosse quell'uomo...

Quando ero assessore comunale alla Sanità, un giorno venne a trovarmi il veterinario comunale, per chiedermi l'acquisto di una moderna "pistola" per la macellazione, onde porre termine allo scempio che avveniva al Macello Comunale. E volle anche portarmi sul posto per vedere coi miei occhi. La mandria di buoi che mestamente si avviava al suo patibolo sembrava piangesse, come se conoscesse in anticipo l'atroce destino che l'attendeva. I buoi venivano introdotti in un particolare abitacolo, dove venivano sgozzati con un coltellaccio, imbrattando tutto intorno, fra i muggiti di dolore e di paura.

La "pistola", invece, sparava un ago che andava dritto al cervello dell'animale, che istantaneamente si abbatteva morto, senza sentire alcun dolore. Gliela comprai.

Credo sia questo istinto ad impedire a tante persone sfortunate, rimate senza progetti e senza gioie, ferite nel corpo e nell'anima, di togliersi una vita ormai divenuta senza significato.

Ed è la coscienza di questo destino di morte che spinge molti a cercare rifugio in qualcosa che gli allevii la paura della morte.

Per questo ci sembra grande l'intuizione di S. Francesco, che riconosce alla morte una grande funzione e la chiama *nostra sora morte corporale, da la quale nullo homo vivente po' scappare.*

Brava gente

Mia cara Giovanna, anche un popolo chiuso e scontroso, poco propenso alla comunicazione e dai modi spesso bruschi, può avere in serbo qualche bella sorpresa.
Per cui non bisogna mai fare di tutta l'erba un fascio, come dicono questi due piccoli episodi.

Due mesi fa. La città era piena di neve alta 20-30 cm, perché ne era caduta molta il giorno precedente. Ma io avevo bisogno assoluto di andare al supermarket. Nelle strade non c'era nessuno: chi usciva lo faceva solo per andare al lavoro o a scuola; gli altri a casa. Arrivato ad un certo punto sono scivolato a causa del ghiaccio e sono caduto: la neve ha impedito che mi rompessi qualcosa. Ma non riuscivo a rialzarmi, perché me ne mancava la forza e non avevo nessun appiglio a cui aggrapparmi. Rimasi seduto, impotente, in mezzo alla neve!
Per fortuna, dopo un po', passo un'auto della polizia. Ne scesero due giovani poliziotti. Uno di loro, dell'età all'incirca di tuo figlio, uno che poteva essere mio nipote, mi sollevò di peso, prendendomi da sotto le ascelle, mi ripulí, mi ridiede il carrello e mi accompagnò, fino a quando fu sicuro che io ce la facessi a proseguire. Lo ringraziai e

gli feci una carezza sul volto, e lui mi sorrise! Non lo rivedrò mai più, ma lui era mio figlio...

15 giorni fa. Ero all'interno del supermarket e cercavo un certo tipo di pasta, senza riuscire a trovarla. Ero ormai stanco di girare per i lunghi corridoi. Mi rivolsi a una ragazza sui 20 anni.
Lei mi fece segno di aspettarla lí e si mise, a sua volta, a girare, anche correndo da un punto all'altro in tutto lo stabile. E poiché non riusciva, andò a chiamare una commessa e si fece indicare il posto giusto. Dopo di che prese un pacco e me lo portò, nel punto dove mi aveva lasciato. E svaní, come una farfalla. Quella era mia figlia.

Cchiù megghiu

Avevo 8 anni, allora, e ogni mattina, per andare alla scuola elementare "Vittorio Veneto", risalivo la scalinata detta *gghianata a Matr'i Ddiu* . Ai bordi della strada abitava un'anziana signora, una parente che, ogni volta che mi vedeva passare, mi chiedeva notizie di mio padre, allora ricoverato in un ospedale di Catania, dove si stava spegnendo lentamente a soli 30 anni. Io, che non ne sapevo niente, le rispondevo sempre che stava meglio.
Anche quella mattina me lo chiese.
Io, fingendo premura, accelerai il passo e le gridai da lontano: CCHIU' MEGGHIUUU !
Mio padre era morto da alcuni giorni.

Aurora

Ero andato a Catania, all'Università, per sbrigare delle pratiche. Avevo 21 anni ed ero al 4° anno di Giurisprudenza, a cui mi ero appena iscritto. Ad un certo punto entrò nell'affollatissima segreteria dell'Ateneo una ragazza di Giarre, Aurora B., accompagnata dal padre.

Doveva iscriversi al 1° anno, ma era completamente spaesata, non sapeva da dove cominciare né quali documenti presentare.

Spaventata da quella folla vociante, trovò tuttavia il "coraggio" di fermarmi, mentre stavo uscendo, per chiedermi delle informazioni in merito.

Uscimmo da quella bolgia e andammo a sederci su una panchina dell'ampio cortile, affollato di studenti e studentesse.

A quel punto il padre le disse che stava uscendo dall'edificio per andare a sbrigare certi suoi affari e di aspettarlo lí fino al suo ritorno.

Rimanemmo perciò soli. Dopo le informazioni, vennero i consigli: su cosa studiare, su quali lezioni ascoltare...E dopo, le cose più personali: i gusti, le idee, i sentimenti, i progetti...

Man mano che la conversazione, durata due ore, si snodava, sentivo crescere dentro di me qualcosa di indefini-
bile: la ragazza, con la sua ingenuità, la sua cordialità, la
sua bellezza paesana, la voce delicata, lo sguardo limpido, mi coinvolgeva sempre più. Mi accorsi che fra noi
c'era una sintonia quasi totale e ne fui coinvolto. Mentre
lei parlava ed io l'ammiravo estasiato, riflettevo se era il
caso, dopo così poco tempo, di chiederle di poterci rive-
dere. Sentivo dentro di me che mi avrebbe risposto di sí.
Stavo dunque per chiederle un appuntamento, quando,
proprio in quel momento, ritornò il padre.
Fu un attimo: "Aurora, andiamo, è ora di tornare a
casa!". E sparirono, d'un colpo.
Rimasi imbambolato, senza sapere che fare; e già loro
erano lontani.
Nei giorni successivi decisi che dovevo rivederla, pensai
pure di andare a Giarre a cercarla, ma mi resi conto che
sarebbe stata un'impresa disperata trovare una persona
in una città di quasi trentamila abitanti. Tornai molte
volte all'università, ma non la rividi più. Mai più.
Non c'era stato nulla tra noi, tranne una conversazione
di due ore; e solo in un lungo e intenso momento le nostre mani si erano sfiorate...Eppure quella ragazza mi
era entrata nel cuore. Ogni tanto ci ripenso e sento l'a-
marezza del rimpianto.

La bambola

Era un artigiano di tre anni più anziano di me. Era solo, non era brutto e voleva sposarsi.

Non fermava le ragazze per strada, perché non era il tipo del corteggiatore. Del resto, in quei tempi, l'unica occasione per poterlo fare erano le feste da ballo private (in quelle pubbliche, a pagamento, si andava a gruppi chiusi ed era quasi impossibile invitare una ragazza di un'altra comitiva).

Ma VC, che era solo, nessuno lo invitava. Era un giovane serio e lo dimostrava facendo, sempre tramite terzi, serie proposte di matrimonio.

Ma, chissà perché, nessuna lo voleva, per un motivo o per un altro. Non piaceva alle donne.

Alla fine, ormai trentenne, trovò una soluzione che lo rese felice e, nello stesso tempo, famoso in tutto il paese.

Rimarrà per sempre un mistero come avesse fatto a procurarsela. Molti ci ridevano, altri lo ammiravano, qualcuno lo invidiava.

Si era procurato, non si sa come, una bambola gonfiabile a grandezza naturale, ovviamente nuda.

Ogni sera la gonfiava e la metteva nel letto, accanto a sé. Cosa ci facesse nessuno può dirlo, ma con la fantasia ciascuno può ricostruire ogni tipo di scenario.

Per molti anni, fra i giovani, parlando di donne, ricorreva spesso l'espressione "Sembra la bambola di VC !"

L'amore coniugale

Il Creatore (la Natura o Dio, secondo le credenze di ciascuno) ha fatto sí che tutti gli esseri animati (animali) abbiano insito in loro l'istinto alla perpetuazione della loro specie.

Ciò si realizza grazie all'accoppiamento tra un maschio e una femmina.

Questo accoppiamento molto spesso è seguito da situazioni negative, ad esempio il senso di spossatezza fisica nei maschi o il dolore del parto per le femmine.

Ciò potrebbe quindi indurre i due a non accoppiarsi, appunto per evitare situazioni spiacevoli o rischiose. Se ciò avvenisse, salterebbero la riproduzione e la continuità della specie.

Ma il Creatore ha escogitato qualcosa di "astuto" per evitare l'estinzione della specie: ha affiancato all'accoppiamento il piacere fisico. Per cui ad ogni accoppiamento la coppia prova un intenso piacere, che induce a ripetere tale esperienza.

Ad esempio la femmina, pur sapendo che il parto sarà sicuramente doloroso e qualche volta mortale, grazie al piacere, continua ad accoppiarsi.

Per molto tempo nella cultura occidentale – e non solo – per ragioni religiose o per avere la certezza della propria discendenza, è prevalsa l'idea che l'attività sessuale dovesse avvenire solo all'interno del matrimonio, specialmente per le femmine. In più si pensava, anche all'interno del matrimonio, che ogni singolo atto sessuale dovesse essere finalizzato alla procreazione.

Ma questa ultima prescrizione col tempo è ormai decaduta.
Quindi, di fatto, ormai l'atto sessuale (sempre all'interno del matrimonio) può essere finalizzato alla procreazione, ma anche al puro e semplice piacere.

Questa architettura (perpetuazione della specie – accoppiamento – piacere - riproduzione) non copre però l'intera vita umana. Ad un certo punto essa diminuisce fino a sparire del tutto, mentre la coppia continua ancora la sua esistenza, in attesa di far posto alla nuova generazione.
Questa fine (fisica e psicologica) del desiderio e dell'accoppiamento per soddisfarlo, non avviene per tutti ad un certo punto preciso della vita. C'è chi a 50 anni si spe-

gne e chi invece a 90 è in grado di provare desiderio per l'altro sesso.

Se *singol*, ognuno ha diritto di fare i comodi suoi; se all'interno di una coppia, occorre sforzarsi affinché la cosa avvenga lentamente e contemporaneamente, sostituendo all'amore fisico l'affetto, l'amicizia, la condivisione. Altrimenti si crea, all'interno della coppia, uno squilibrio che può dar luogo a imprevedibili sviluppi.

Complicità

La "complicità" in una coppia è il cemento particolare che la rende assai solida e ne assicura la durata anche quando si spegne l'impulso dei sensi.

Essa consiste in un'intesa fra i due partner sincera, spontanea, quasi istintiva, e nella condivisione piena del loro progetto di vita.

Quando c'è fra i due la "complicità", essi diventano una cosa sola, al punto che si confidano tra loro informazioni e sensazioni che non si dicono neppure ai genitori o ai figli.

Insomma, la "complicità" è uno degli aspetti intimi dell'amore, che cresce ogni giorno di più e si risolve col capirsi anche con un semplice sguardo e nello stare sempre dalla stessa parte.

La premessa di cui sopra l'ho ritenuta necessaria per poterti raccontare un episodio piuttosto singolare e altamente significativo.

Siamo dunque in un paesino, al tempo del passaggio dalla prima alla seconda repubblica, quando una nuova legge elettorale aveva stabilito l'elezione diretta del sindaco e quando i nomi dei leader cominciavano a comparire nei simboli dei loro partiti, sintomo sicuro di una forte personalizzazione della lotta politica, che si esprimeva anche col prolificare delle liste civiche.

Tutti volevano essere tutto, senza delegare nulla a nessuno.

Anche un tizio, di cui non ricordo il nome, voleva essere qualcuno in quel suo piccolo comune. Sicché quando, all'approssimarsi delle nuove elezioni amministrative, gli fu offerta la candidatura a consigliere comunale in una lista civica, egli accettò con entusiasmo.

Potremmo dire, ma in senso buono, che egli addirittura "perse la testa".

Assieme alla sua innamoratissima sposina, sempre al suo fianco, prese a girare parenti e amici, per assicurarsi le necessarie preferenze; organizzò nel suo quartiere "incontri" per illustrare a tutti le sue proposte programmatiche, preparate attentamente assieme alla moglie. E, quando, alla fine di un'intensa giornata di propaganda, i due, stanchi ma soddisfatti, tornavano a casa, facevano i conti dei consensi raccolti: tanti i sicuri, tanti i probabili, per questi altri occorre una ripassata, non dimentichiamo lo zio che mi ha sempre voluto bene e che ha una vasta parentela, ecc.

E intanto, abbracciati, sognavano la futura gloria nella prossima assemblea civica.

La doccia fredda, improvvisa e spietata, arrivò con la pubblicazione ufficiale dei risultati.

Il nostro candidato aveva ottenuto n. 1 preferenze.

Due cose erano certe:

1 – Che quell'unico voto era il suo.

2 – Che nemmeno la moglie, sua compagna di vita e di battaglia elettorale aveva votato per lui.

Il candidato, cosí dolorosamente "trombato", rimase malissimo, non tanto per la sua mancata elezione, cosa in era in numerosa compagnia, quanto per il comportamento della moglie, che non aveva tenuto fede alla reciproca promessa nuziale di sostenersi "nella buona e nella cattiva sorte".

Quel comportamento dimostrava, invece, una mancanza di stima, di considerazione per il marito. Di "complicità", appunto.

Egli perciò chiese la separazione "per colpa" e l'ottenne.

Altro non so.

Tonina

Il giorno dopo il mio arrivo a Vallecrosia (Liguria), ospite dei genitori di mio cugino Carlo, decisi di scendere nella vicina spiaggia. L'amico che era venuto con me faceva il pisolino pomeridiano e cosí andai da solo.

Un piccolo paradiso fu quello che vidi: una piccola insenatura, acque immobili, trasparenti e tiepide, sole, sabbia, cielo limpido. Avevo 22 anni e tutto intorno mi suggeriva di restare per sempre in quel piccolo paradiso.

Mi distesi al sole, senza pensare a nulla. I problemi che avevo lasciato in Sicilia sembravano scomparsi ed ero quasi felice.

Accanto a me c'era una ragazza sui 18-19 anni con appresso un fratellino di 10-11 anni. Quest'ultimo era molto restio ad entrare in acqua, nonostante l'incoraggiamento della sorella.

Mi venne spontaneo offrirmi di aiutarli, proponendo di fare il bagno anch'io, vicino a loro, per dargli sicurezza.

Com'era prevedibile, il ragazzino, una volta in mare, non voleva più uscirne. Gli insegnai qualcosa e lui ne fu entusiasta.

Tornati sulla spiaggia nacque spontanea e naturale una leggera conversazione con la sorella.

Si chiamava Tonina e veniva a Vallecrosia da un altro paesino dell'entroterra ligure per fare il bagno. Le dissi che ero siciliano, ospite di mia zia e qualche altra cosa, mentre pian piano nasceva fra noi una corrente di simpatia e di intesa spontanea e naturale.

Decidemmo di rivederci il giorno dopo nella bellissima Bordighera, a circa 1 km di distanza da lí. La cosa si ripeté più volte e la simpatia reciproca si fece sempre più esplicita. Io andavo all'appuntamento a piedi, lei veniva in bicicletta.

Non posso dire di essermi innamorato di quella ragazza, ma di certo ella mi dava un senso di serenità che io avevo quasi dimenticato. Facevamo delle passeggiate, parlavano del più e del meno, diventando sempre più intimi, ma senza passare i confini del possibile. Era quella che si può definire una "brava ragazza", di una bellezza non provocante, ma fresca, pulita. La cosa durò circa 12 giorni, sufficienti a rendermi quella vacanza meravigliosa.

Non facevamo progetti, poiché i nostri sentimenti erano ancora confusi. Io passavo le mie giornate metà con lei e metà col mio amico.

Pensavo che sarei rimasto ancora per altri 15 giorni, quando giunse, come un fulmine a ciel sereno, la notizia che mia zia voleva che ce ne andassimo da casa sua prima di ferragosto, per poter dare i nostri letti a due turiste inglesi in arrivo.

E Tonina? Che faccio, che le dico? Non avevo avuto sorelle né cugine ed ero ancora inesperto in fatto di donne.

Ritenni giusto comunque avvertirla della mia imprevista ed obbligata partenza per la Sicilia.

Ci vedemmo un'ultima volta a Bordighera, io in piedi e lei con la bicicletta.

A quel punto accadde una cosa di cui mi vergognerò per tutta la vita, anche ora che la racconto alla mia Giovanna: un'azione che giudico vile e meschina e per la quale non accampo alcuna giustificazione.

Quando le raccontai della mia forzata partenza, Tonina mi chiese:

"E noi?"

"Noi ci scriveremo..."

"Si vede proprio come ci scriveremo! Non mi hai dato neppure il tuo indirizzo!"

Inforcò la bicicletta e scomparve per sempre, lasciando nel mio cuore una ferita che non è più rimarginata, perché lei aveva ragione.

Di lei mi era rimasta una bella fotografia, ma, purtroppo è andata perduta.

Chissà dov'è finita quella dolce creatura, se è ancora viva. Certo vive in un piccolo angolo del mio cuore.

Cinema

"Lo spettatore che, da una verifica di controllo, venisse trovato sprovvisto del presente tagliando, dovrà corrispondere di nuovo il prezzo del biglietto".

Questa scritta appariva sui biglietti del cinema degli anni '50 e '60. Ero allora un cosí assiduo frequentatore delle sale cinematografiche, che l'avevo imparata a memoria!

Per un anno volli fare una specie di censimento e raccolsi ben 300 di quei biglietti! Ma era il 1957, l'anno degli esami di maturità, quando, per un mese, fui costretto a studiare dalla mattina alla sera, senza intervallo, se non per mangiare, vista l'enorme ampiezza del programma. Dunque trecento film in undici mesi!

Amare

Eravamo molto diversi per formazione, cultura, opinioni politiche, stile di vita; per tutto potrei dire.

Eppure era nata fra noi un'amicizia solida e profonda, dimostrata coi fatti. Pensa che quel mio carissimo amico, morto da circa un anno, quando seppe che io ero andato in Slovacchia, mi mandò a dire (non aveva computer) di trovargli un alloggio a Bratislava!

Ma soprattutto è stato l'UNICO a fare quello che nemmeno mio fratello volle fare: quando rimase vedovo, sapendo che io volevo tornare in Sicilia, mi offrí ospitalità gratuita e senza limiti di tempo nella sua grande casa, in una stanza con servizi autonomi. Una sistemazione per me come non avrei mai potuto sperare! Fui costretto a rifiutare perché, sfortunatamente, la sua casa si trovava in una zona molto alta della città e il suo appartamento al 3° o 4° piano di un edificio senza ascensore.

Stavamo assieme da vari anni, e per diverse ore, ogni mattina. Egli era messo piuttosto male: il suo corpo era piegato da una forma reumatica che gli consentiva di stare in piedi solo per qualche minuto. Appena scendeva dalla macchina, doveva sedersi in un bar, in una panchina o altrove.

Insomma, anche se ci davamo del lei, eravamo intimi.

Per questo un giorno volli fare con lui, di 70 anni e con un corpo ormai inservibile, un piccolo esperimento, per una delle mie ricerche sulla natura umana.

Appena si sedette accanto a me gli sparai subito in faccia la mia domanda: "Signor M, se qualcuno le offrisse un miliardo di euro in cambio del suo impegno assoluto di non avere mai più rapporti intimi con una donna, lei cosa risponderebbe?".

La sua risposta fu immediata e senza alcuna esitazione: "NO".

Infatti è l'amore, in tutte le sue forme, che ci rende vivi. Chi non sa amare è morto, anche se si crede vivo.

Incredibile

Quando sono cominciate le vaccinazioni contro il Covid, il governo slovacco ha aperto un sito internet, attraverso il quale si poteva compilare un modulo per prenotarsi, secondo le fasce d'età, presso uno degli ospedali con dei dei posti disponibili.

Io ho compilato l'apposito modulo in internet (ci ho messo tre ore, essendo in lingua slovacca) e, dopo qualche giorno, mi è arrivata (via mail) l'accettazione, in cui erano fissati l'ospedale, il giorno e l'ora.

Arrivato lí sono stato respinto perché la vaccinazione era riservata agli slovacchi e ai residenti.

Riprovo una seconda volta. Tutto come prima, ma questa volta mi hanno mandato via quando ero col braccio scoperto e l'infermiera già preparava la siringa!

Ma ecco che quel governo si rende conto che, non vaccinando gli stranieri (migliaia), questi avrebbero finito col contagiare gli slovacchi.

Corre dunque ai ripari emanando un provvedimento per rendere vaccinabili anche i non residenti.

Ad una condizione, però: che presentassero un modello S 21.

Mi attivo, tramite amici, per avere quel modello (a Siracusa). Sorpresa: quel modello viene rilasciato solo agli italiani residenti all'estero!

Dunque il governo slovacco aveva emanato un provvedimento a favore dei NON RESIDENTI purché fossero RESIDENTI! Una palese contraddizione del legislatore, un grossolano errore, insomma.

Litigo con una professoressa slovacca di italiano che sosteneva che fosse giusto cosí, perché lei pagava 60 euro di contributi e io no. Dunque per lei la mia vita valeva meno di 60 euro! Che comunque avrei potuto pagare benissimo.

Scrivo a politici italiani e slovacchi. Due miei amici lanciano in Italia due diverse raccolte di firme in mio favore, un altro fa intervenire un ex deputato e un altro ancora un viceministro. Nulla.

Mi rivolgo all'ambasciata, la quale, anziché intervenire presso il governo slovacco, se ne lavata le mani.

Essendo tutto inutile, decido di tornare in Italia, ma non so come fare, essendo vecchio e malato e non conoscendo la lingua. Chiedo all'ambasciata di aiutarmi almeno a fare il biglietto aereo. Non mi manda al diavolo. Ecco la relativa conversazione telefonica:

- Io: - Mi potete aiutare a fare il biglietto aereo?

- Loro: - Certamente, ma deve pagarselo lei.

- Io: - D'accordo, quando posso venire a portarvi il denaro necessario?

- Loro: - Non è possibile, noi non possiamo ricevere contante.

- Io: - Va bene. Allora vi faccio un bonifico?

- Loro: - No, neanche questo va bene.

- Io: - Allora ditelo voi come posso farvi avere il denaro per fare il biglietto...

- Loro: - Questo è un problema suo.

Chiusa la partita. W l'Italia.

Intanto il governo slovacco si accorge dell'errore ed emana un ulteriore provvedimento: possono vaccinarsi anche altre categorie, quali le persone munite di un permesso di soggiorno (io ci rientro), studenti e ricercatori stranieri in Slovacchia, persone munite di una qualunque assicurazione, ecc.

Faccio finalmente la 1a e poi la 2a dose.

Ma qui le vaccinazioni vanno male, sono troppo poche e perciò il governo decide di incentivarle erogando una somma-premio a chi si vaccina entro un termine. Io faccio la 3a dose e rientro nei premiati. Dopo un paio di mesi mi arriva un vaglia di 300,00 euro che ho già incassato.

Il pentimento

Fin da ragazzo ho sentito dire, ed ancor oggi lo sento ripetere, che, essendo la misericordia di Dio infinita, Egli, di conseguenza, perdona tutti. Praticamente anche i peggiori peccatori hanno una speranza di salvezza. Troppo facile.

Non è cosí, neanche la Chiesa lo dice, perché la frase, cosí come l'ho riportata io ("Dio perdona tutti") è incompleta e dunque falsa.

La frase vera è: "Dio perdona tutti QUELLI CHE SI PENTONO". Cioé, per ottenere il perdono di Dio e salvarsi, elemento essenziale è il PENTIMENTO.

Se il peggior criminale, anche all'ultimo istante della sua vita, si pente, sarà perdonato e perciò salvato. Altrimenti l'Inferno non glielo leva nessuno. In effetti non pentirsi equivale a ripetere ogni giorno, in ogni momento, il male fatto. Chi si comporta in tal modo, la pena se l'é cercata

E ancora. Non basta dire "Signore, mi pento dei miei peccati" per ottenere perdono e salvezza. Dio non si può ingannare!

Occorre che il pentimento sia sincero, sentito. A questo punto si aprono due possibili situazioni, a seconda se il male fatto è rimediabile o no.

Ad esempio, se il pentito ha ucciso una persona c'è poco da fare: il morto non può tornare. In questo caso la sincerità del pentimento sarà dimostrata dalla contrizione, dalla sofferenza per il male fatto.

Ma se il pentito ha rubato, allora la sincerità del pentimento si può dimostrare in un solo modo, assai più concreto e visibile anche agli umani: restituendo la refurtiva! Giuridicamente si chiama "pentimento operoso".

Naturalmente questo discorso riguarda i credenti. Ma anche quelli che non lo sono non possono fare a meno di riconoscere la sua logica stringente.

Formiche

Come sai, io abitavo con i nonni materni. Quando mia nonna fu colpita da paralisi alle gambe, il compito di cucinare passò a mio nonno. Io non mangiavo con loro perché i nostri orari non combaciavano. Loro pranzavano alle 12,00 precise, io uscivo da scuola alle 13,30.

Il nonno, un celebre avaro, mi preparava il cibo e me lo lasciava sul tavolo della mia stanza.

Una sera, accingendomi a cenare, mi accorsi che il piatto di carne che mi aveva preparato era brulicante di centinaia di formiche.

Disgustato dallo spettacolo corsi a dirlo al nonno:

- Nonno, nonno, la carne che mi hai preparato è stata invasa dalle formiche...!

- E allora? È carne pure quella...

Reciprocità

Circa 70 anni fa, durante le vacanze estive, caratterizzate dalle lunghe e afose giornate siciliane, nel mio quartiere, tra via Roma e via Lisso, ogni anno emergeva quasi dal nulla una comitiva di una quindicina di ragazzini, il cui scopo era uno solo: giocare, giocare sempre, tra il pranzo e la cena.

Non si vedevano allora in giro giocattoli acquistati in negozio: i soldi servivano per nutrirsi.

Si utilizzava perciò la fantasia per inventare nuovi giochi: *e lattri-carabbineri.*, *ammucciari*, *a cchiappari*. La palla di pezza dominava su tutto.

Erano giochi assai diversi tra loro, ma uniti in un punto: correre, correre, sempre correre, senza sosta.

Il sudore colava a rivoli e gli indumenti rapidamente se ne inzuppavano.

Se qualcuno dei ragazzini tornava a casa, anche per un momento, magari per un bisognino, era perduto: la madre, dopo averlo lavato e ripulito, non lo faceva più uscire e per lui addio gioco.

Per "fortuna" c'era una valida alternativa: in via Roma c'era allora un gabinetto pubblico, utilizzato soprattutto da chi non ne aveva uno proprio a portata di mano: ambulanti, forestieri, ubriachi usciti dalla vicina taverna e...ragazzini del quartiere.

Una volta capitò a me di doverlo utilizzare e, per caso, il mio sguardo, in mezzo ai tanti vecchi e nuovi "ricordi" che decoravano l'ambiente, si posò su una scritta che campeggiava su una parete:

"Amare senza essere amato
é come stujarsi il culo senza aver cacato"

A parte il linguaggio, volgaruccio, ma comunque consono all'ambiente, il distico stava a testimoniare che di lí c'era passato anche un filosofo che, nel compiere la sua giornaliera missione naturale, aveva lasciato ai posteri una goccia di saggezza, di non comune profondità.

Intanto la sua filosofia richiamava alla mente la definizione che il Sommo Poeta aveva dato dell'amore: "CORRISPONDENZA d'amorosi sensi", dove la parola "corrispondenza" stava a testimoniare la necessaria reciprocità, affinché un sentimento possa essere definito amore.

In realtà, a pensarci bene, il "filosofo del vespasiano" aveva perfettamente ragione. In effetti l'amore unilaterale, non corrisposto, non è vero amore, ma tutt'altra cosa: fissazione, insolazione, follia, ma non amore. L'amore, quello vero, è spontaneo: va e viene a suo piacimento, senza che nessuno, nemmeno il titolare, possa influirvi. È come il coraggio per don Abbondio: se uno non ce l'ha, non se lo può dare. Non servono regali, promesse, fiori, minacce, ragionamenti a suscitare

l'amore di chi non lo sente spontaneamente, indipendentemente anche da se stesso. Ecco perché il cosiddetto amore unilaterale finisce per annegare nel ridicolo. Certo la reciprocità spontanea fra due persone non è alla portata di tutti: Giulietta e Romeo, Tristano e Isotta, Lancillotto e Ginevra sono dei casi rari e, proprio per questo, anche dei "casi letterari".

Si dice che il saggio Salomone avesse più di 600 tra mogli e concubine. Ma io dico che il rapporto imposto a quelle poverette, tutte più o meno comprate, non valeva quello da lui avuto con la regina di Saba, esploso improvvisamente fra i due.

Io mi sono sempre attenuto a quell'iscrizione trovata nella pubblica latrina e non sono mai corso dietro a ragazze che non gradivano le mie "avances". Non ho avuto il loro inesistente "amore", ma ho conservato la mia dignità.

Saruzza

Una città siciliana città nel dopoguerra, cosí come tante altre città italiane, risentiva ancora delle sofferenze che il conflitto aveva causato: lutti, fame , disoccupazione, pulci, pidocchi, sfruttamento dei minori, analfabetismo, malaria, tubercolosi... La media borghesia mangiava la carne una volta la settimana e i poveracci, quando potevano, una volta l'anno.

In mezzo a tanto squallore, per gli adulti esistevano solo due occasioni di relax: la prima era dovuta alla naturale e intensa battaglia che si svolgeva con frequenza sotto le coperte, come dimostrava la presenza di molte famiglie numerose.

L'altra era, più modestamente, rappresentata dai due cinema cittadini, in particolare per la proiezione dei film sentimentali di allora, magistralmente intepretati da Yvonne Sanson e Amedeo Nazzari.

Quei cinema, il sabato e la domenica, erano stracolmi di gente, in particolare di famiglie, che riempivano tutti i posti, lasciando molti all'impiedi per tutta la durata del film.

C'erano anche tipi che, non avendo dove andare, erano capaci di vedere due volte di seguito lo stesso film e altri capaci di „vendere" il proprio posto a sedere a chi doveva necessariamente trovarne uno per la suocera malandata o per la moglie incinta. E intanto quasi tutti sgranocchiavano di continuo noccioline americane e ceci abbrustoliti...

Queste cessioni di posto, per amicizia, per cavalleria o per interesse, naturalmente avvenivano quando le luci erano accese, dopo la fine del primo tempo o di tutto il film. Qualche volta, la pellicola „saltava", cioé usciva dalla ruota in cui era avvolta o si „rompeva". Allora il bravo operatore si dava da fare per riavvolgere il nastro o per incollare con l'acetone le due sue estremità di celluloide, se essa si era rotta.

Uno dei più assidui frequentatori domenicali dei cinema era un giovane laureato celibe, detto, chissà perché, Saruzza, diventato nel tempo uno dei maggiori esperti della „mano morta", allora diffusa nei cinema e, nelle grandi città, anche nei tram.

Al cinema egli stava sempre all'impiedi, nei punti più affollati, e si metteva vicino a una donna qualunque, in modo tale che la sua mano penzoloni, immobile (dunque „morta") toccasse il corpo della donna a lui vicina, anzi pigiata come una sardina, a causa della folla. Se la donna dava il minimo segno di fastidio, egli cambiava posto e donna. Comunque trovava sempre una moglie

46

insoddisfatta o una ragazza „bisognosa d'affetto". In tal caso, muoveva leggermente un dito e poi un altro e, se la donna non reagiva, se, come si dice „ci stava" i suoi movimenti si facevano sempre più audaci, con reciproca soddisfazione. Alla fine del film i due si guardavano languidamente in faccia, si scambiavano uno sguardo d'addio, lei usciva appesa al braccio dell'ignaro marito o fratello e lui riprendeva la sua solita vita, forse pensando alla domenica successiva.

Quella sera Saruzza fu proprio fortunato, perché capitò subito accanto a una donna che ci stava e che lasciava fare...

Ma all'improvviso la pellicola si ruppe e l'operatore del cinema accese le luci in sala, per il tempo necessario per riparare il guasto.

Essendo gli esseri umani per natura curiosi, i due dunque vollero vedere in faccia l'improvvisato partner.

Fu allora che Saruzza si accorse di essersi messo con la propria madre e lei di essersi lasciata „toccare" dal figlio!

I due spalancarono gli occhi e la bocca per la (cattiva) sorpresa e, imbarazzati come non mai, non trovarono nulla, ma proprio nulla, da dirsi.

Cosa accadde dopo non si sa, ma per lungo tempo, in certi ambienti, di diffuse il detto „rimanere come Saruzza", cioé rimanere a bocca aperta, ogniqualvolta ci si trovasse in una situazione imbarazzante che non si sapesse come spiegare o giustificare.

L'Opera dei pupi

Nel punto in cui, nella mia cittadina, via Roma s'incrocia con via Lazio, precisamente nel medesimo posto dove oggi è allocata una nota tipografia, nell'immediato dopoguerra (1944-46) vi era il Teatro dei Burattini (*l'opira 'e pupi*), tutti ad altezza d'uomo o quasi.

Spettacolo ogni sera, come al cinema. Si rappresentava il ciclo carolingio, i cui personaggi erano: l'imperatore Carlo Magno ("Carlo, che fu detto poi Magno, per le nobili imprese da lui compiute"), la bella Angelica, gli eroici paladini, soprattutto il conte Orlando e il principe Rinaldo di Montalbano, il "vile traditore", il duca Gano di Magonza (*Ganu i Macanza*), qualche volta Astolfo, il saraceno Agramante, Ferraù spagnolo ed altri.

Il direttore vi aveva inserito un personaggio da lui inventato, un nano-buffone detto *Pappanninu*, il quale, secondo un tecnica molto diffusa nei film avventurosi e nei fumetti, era la figura comica che serviva a stemperare la tensione del racconto con battute o gesti paradossali, del tipo di quelli che fanno i clown.

Pubblico pagante e assai partecipe. Io (5-6-7 anni) entravo e uscivo liberamente perché mio padre aveva prestato al Direttore Leonardi il poema dell'Ariosto (che ancora ho!).

Quando alle spalle di Orlando sbucava il perfido Gano, tutti avvertivano il paladino: - *Attentu, votiti che c'é u curnuto*. Finché interveniva Pappanninu a tirare il mantello a Orlando; e così iniziava il duello con reciproche contumelie in dialetto siciliano: - *Ora ti stinnicchio 'n terra*.

E allora *zimme-zamme, a le arme*.

Il pubblico seguiva con occhi sgranati le alterne vicende del duello e intanto divorava "calacausi e simenta" (arachidi e semenze), allagando il pavimento con un mare di scorze...

Si usava allora, come ai tempi del cinema muto e per un po' anche di quello parlato, far precedere lo spettacolo dei pupi da un "avanspettacolo".

Questo aveva, come principale protagonista, Maru, un giovane artista locale, più anziano di me di una quindicina d'anni che, probabilmente imitando l'ottimo Nino Taranto, cantava:

"Ssù ti vulissi be-ni ve-ra-men-ti
nun li facissi riri-r'a la gent-ti.
Ho venduto cento carrozze,
ho comprato mille palazzi:
a facci de' pazzi!"

Un bellissimo mondo antico, che non c'è più, un mondo di favole ormai morto, ma ricco di umanità e di piccole gioie.

L'ultimo favore

Mi capita, a volte, di riflettere sulla mia più che quarantennale attività politica. Di essa solo circa 5 anni sono stati, per cosí dire, soddisfacenti. Il resto è stato ricco di bocconi amari.

Debbo però aggiungere che ho imparato dalla politica più che dagli studi universitari, per due motivi principalmente.

Poiché la politica si occupa di tutto (urbanistica, economia, sanità, istruzione, etc.), chi fa politica deve necessariamente imparare di tutto. Ma, soprattutto, in politica si apprende a conoscere gli uomini, in quanto vi si incontrano i tipi e i comportamenti più diversi: dagli autentici eroi pronti a dare la vita per i loro ideali fino ai vigliacchi traditori, pronti a vendersi per quattro soldi.

Nel periodo in cui fui segretario cittadino del PSI (1983-85) riuscii a mettere il PSI al centro della scena politica locale.

Nelle due amministrazioni comunali che si costituirono durante la mia segreteria, una di centro-sinistra e l'altra di sinistra, con soli 5 consiglieri comunali su 40, riuscii a piazzare ben tre di essi come assessori nella giunta.

Seguivo allora costantemente, seduto fra il pubblico, i lavori del Consiglio Comunale e i consiglieri venivano
spesso a consultarmi sull'atteggiamento da tenere nel ci-
vico consesso su qualche argomento in quel momento in
discussione. Tanto che mi fu affibbiato il nomignolo di
"Bearzot" (l'allenatore della Nazionale di calcio di allora).
Andavo anche a trovare, nei loro uffici al Comune, i tre
assessori. Fu proprio uno di essi, un giorno, a darmi un
insegnamento che non dimenticherò mai più.
Ad un certo punto, la nostra conversazione semi-istitu-
zionale fu interrotta da una telefonata, destinata a dura-
re a lungo.
"Sai chi era?, mi disse poi l'assessore. "Era una signora
che controlla una quindicina di voti, che ha riversato interamente su di me nelle varie elezioni. A questa signora
io ho fatto ben otto favori, e di una certa importanza.
Ma il nono favore - e di questo abbiamo parlato nella telefonata - non gliel'ho potuto fare, nonostante tutti i
miei sforzi. Perciò lei mi ha investito di brutto e mi ha
detto che mai più voterà per me. Ho perciò perso 15 pre-
ziosi voti.
Ad una persona si può anche aver fatto una statua d'oro,
ma se non puoi darle la sigaretta che chiede, perché non
ne hai, diventi il suo peggior nemico.
Quello che conta è l'ultimo favore!".

È proprio cosí. E questo vale non solo in politica, ma nella vita in genere. Mi è stato molto utile l'averlo appreso.

L'Aldilà

1 - Nel corso dei secoli, vari filosofi cristiani, come sant'Anselmo d'Aosta, san Tommaso d'Aquino, sant'Agostino, hanno cercato, con numerosi e vigorosi argomenti, di dimostrare l'esistenza di Dio.

Sostanzialmente tali argomenti si potrebbero riassumere in uno solo: quello del principio di causalità.

Il quale dice: "Se c'è un effetto, ci deve essere per forza una causa". Praticamente: se si è accesa la luce, qualcuno deve aver premuto l'interruttore.

Dunque, se c'è l'universo, ed effettivamente c'è, ci deve essere necessariamente qualcuno che l'ha creato. E, data l'immensità del creato, questo qualcuno non può essere che Dio. Il quale dunque esiste.

2 - I non credenti o atei sostengono però che il principio di causalità è strettamente connesso alla natura umana, che ha poteri molto limitati. Cioè noi non abbiamo gli strumenti ("categorie") intellettivi necessari, per affrontare tematiche tanto complesse

Possiamo vedere ciò che succede nella strada sotto casa nostra, ma non quello che succede in una strada di Boston o di Calcutta! Inoltre, se il principio di causalità fosse valido per tutto si arriverebbe al seguente paradosso. Se ogni cosa esistente ha una causa, un creatore, Dio, che secondo i credenti esiste, da chi sarebbe stato creato? E cosí via, all'infinito. Non potrebbe essere al contrario?, dicono gli atei. Che cioè non è stato Dio a creare l'uomo, ma l'uomo a creare Dio? Non per nulla il primo Dio, presso gli egizi, fu Ammon-Ra (il sole), che dà luce e calore? Ma il sole - oggi è evidente - non è Dio, ma uno dei miliardi di astri sparsi nel cielo. Non c'è dunque, per loro, alcuna prova dell'esistenza di Dio.

3 - Gli agnostici, a loro volta, accettano le linee di fondo del discorso degli atei, di cui però non accettano le conclusioni negazioniste. Essi dicono in concreto: "Anche accettando il vostro discorso sulla non applicabilità del principio di causalità al tema dell'esistenza di Dio, rimane insoddisfatta una semplice domanda: "Se Dio non esiste, tutte quelle lampadine, lassù nel cielo, chi ce le ha messe?". In realtà non abbiamo la prova dell'esistenza di Dio, ma neanche della sua inesistenza. Il nostro limitato cervello non ha la possibilità di risolvere questo problema: è come se un verme o una mosca aspirassero a diventare professori universitari!
Semplicemente assurdo! Inoltre Dio, se c'è, dovrebbe avere tutte le qualità possibili e immaginabili, fra cui

quelle di essere infinito ed eterno. C'è forse qualcuno capace di immaginare che cosa siano l'infinitezza e l'eternità? Nessuno. Se chiudiamo gli occhi e ci concentriamo sui concetti di infinito e di eterno, rischiamo solo di farci scoppiare il cervello. Insomma, gli umani non sono in grado di risolvere questo problema e perciò è meglio disinteressarsene.

4 - Almeno una parte degli agnostici approfondisce l'argomento dell'esistenza di Dio con un'ulteriore riflessione: tutti questi ragionamenti si basano sullo stesso presupposto: che creatore (causa) e creato (effetto) siano due entità diverse. E se invece fossero la stessa cosa? Se la Natura, l'universo, compresa l'umanità intera, fossero la stessa cosa? Se tutto quello che noi chiamiamo "creato" fosse anche creatore? Se tutto ciò che vediamo, dentro e fuori di noi fosse esso stesso Dio? Tutto si spiegherebbe. "Nulla si crea e nulla si distrugge, ma tutto si trasforma", dicevano antichi filosofi. Perfino l'anima non muore, sostiene la religione induista, ma trasmigra in un altro corpo...!
Quest'altra dottrina (agnosticismo panteistico) è affascinante, ma va accolta solo come ipotesi, con tanti punti interrogativi. E siamo sempre lí.

Ciascuno dunque si tenga le sue convinzioni, nel rispetto reciproco, poiché tutti, credenti, non credenti e agnostici sono uniti da un unico destino.

Psicologia dell'amore mercenario

Le prostitute professioniste, sia quelle spinte dal bisogno, che quelle costrette da immondi lenoni, che le altre abbagliate dai sogni di ricchezza indotti dalla civiltà dei consumi, hanno un comportamento comune, per quanto riguarda un aspetto particolare della loro „arte".

Esse, anche con partner brutti o volgari, o decisamente repellenti, per quella fatale mezz'ora, fingono di partecipare al rito d'amore. Lo fanno con gesti, con parole, con comportamenti, di cui il cliente che non sia anche un deficiente, ben conosce la falsità.

Qualche volta la prostituta finge di provare un'attrazione particolare per qualche uomo, al solo fine di poter arricchire la sua lista di fedeli clienti.

Spesso esse, sulla soglia dell'ingresso del locale in cui hanno operato, salutano il momentaneo partner, con un bacio delicato sulla guancia, non più sensuale, ma semplicemente affettuoso, quasi a sottolineare la veridicità e la normalità casereccia di un rapporto, di cui, al contrario, l'unica cosa vera è stata la teatrale recitazione.

Tale comportamento di recita è tenuto perfino da quella minoranza di prostitute che sono innamorate, questa volta veramente, del proprio sfruttatore, che in questo caso è chiamato „protettore".

La prostituta, tuttavia, sa che il cliente, pur fingendo di crederci, è ben conscio che si tratta di una finzione totale. Perché dunque, pur essendo entrambi ben consapevoli di quella (apparentemente) „stupida" farsa, continuano in una recita che sarà ripetuta chissà quante volte e chissà con quante altre persone?

Perché entrambi sanno che, senza quella „farsa", il rapporto difficilmente potrebbe aver luogo. La prostituta non l'ha appreso dai libri di psicologia, ma dall'esperienza sua e da quella della sua „maestra".

Infatti la sessualità maschile non risiede, come molti credono, nei genitali, ma nel cervello. Nessuna manipolazione, da sola, può determinare le condizioni fisiologiche che rendono possibile il rapporto intimo, se essa non è accompagnata da un corrispondente retroterra psicologico, tutto basato sulla reciprocità, cioé sulla (presunta) capacità dell'uomo di suscitare il suo stesso desiderio nella donna. E viceversa.

Se la donna è una prostituta, il maschio fa uno sforzo per astrarsi dalla realtà e immaginarsene una diversa di suo gradimento, in cui tutto avviene con piacere reciproco.

Se la donna è la propria innamorata (o presunta tale) la reciprocità è invece considerata scontata („se lei mi ama significa che è attratta da me e che io le piaccio").

Tali concetti, anche se semplicemente a livello istintivo, sono ben presenti anche nella donna „onesta". Gli studi degli psicoterapeuti sono frequentati da molte mogli che non hanno mai provato l'orgasmo, ma che, coi loro mariti, hanno finto il contrario.

Esse infatti intuiscono che una simile notizia potrebbe spegnere a livello psicologico, ogni bollore nei loro mariti, che finirebbero anch'essi per non provare piacere con la propria moglie o compagna e andrebbero forse a cercare „erba estranea", per cui si guardano bene dal fare una simile rivelazione ai loro uomini, rischiando cosí di distruggere la propria famiglia.

Ancora, è da ricordare uno dei tanti consigli che vengono dati alle donne per sottrarsi a eventuali tentativi di violenza fisica. Viene consigliato loro di rimanere del tutto indifferenti e immobili, il che scoraggerebbe lo squallido individuo; egli infatti – secondo tale tesi – per eccitarsi e portare a termine il suo turpe disegno – ha bisogno di una particolare forma di partecipazione della vittima, anormale come lui; per lui è cioé necessario che la vittima si divincoli, lotti, urli, pianga...

Tutto questo sembra dimostrare la prevalenza – sana o malata – della psicologia sulla carnalità dell'atto. Ed inoltre che tale psicologia si mette in moto solo con la consapevolezza che la partner - nel mondo reale o in quello fantastico non importa - partecipi all'atto, fornendo e ricevendo impulso dall'altro, in un circuito continuo.

È inoltre da sottolineare, a mio avviso, che l'impulso atto ad accendere la fantasia maschile, non è sempre di uguale intensità per tutta la vita dell'uomo, anche se il principio psicologico rimane lo stesso.

Nell'adolescente basta poco – una piccola parte del corpo femminile, uno sguardo, un sorriso – per accendere la miccia. Nell'uomo anziano, fattosi più „furbo" con l'esperienza e con gli ormoni non più appena usciti dalla fabbrica, occorrono altre raffinatezze più elaborate, più lente ad essere lette dalla psicologia maschile, ma certamente più intense ed appaganti.

INAIL

Il diritto, come la filosofia, è una disciplina astratta e dunque spesso poco appetibile per gli studenti. Mentre materie come la storia, la chimica o la geografia hanno riferimenti concreti, a volte anche fisici, comunque sempre verificabili, il diritto, per sua natura, studia situazioni astratte, impalpabili, da calare poi in fatti concreti. Insomma, il diritto è di difficile apprendimento e per questo poco attraente, e in esso la memoria gioca un ruolo importante.

Tuttavia è innegabile la sua importanza nella vita concreta, perché le funzioni e le finalità dello Stato si sono via via allargate, tanto che molti aspetti della vita, prima lasciati alla libera scelta dei privati, sono ormai regolamentati da norme giuridiche.

In questo quadro il problema che si pone ai docenti di diritto è quello di rendere il più possibile concreto ciò che è astratto. A mio avviso, il modo migliore per riuscirci è quello di fare numerosi esempi tratti da casi della vita di ogni giorno, in modo tale da interessare gli studenti e da rendergli meno ostico lo studio di una disciplina che oramai per importanza è preceduta solo dall'italiano e dalla matematica.

Un giorno, in una classe di studenti sui 14-15 anni, che per la prima volta si accingevano allo studio dell'ordinamento giuridico, spiegavo alcune nozioni di diritto del lavoro. In particolare parlavo dell'INAIL e dicevo come una delle sue più importanti funzioni fosse la fornitura di protesi ai lavoratori infortunati sul lavoro.

- Professore, che cosa sono le protesi?

- Elisabetta, tu un giorno ti sposerai e sarai felice. Avrai perciò modo di osservare tuo marito quando dopo un'intensa giornata, si accinge ad andare a dormire.

Immagina di vederlo seduto sulla sponda del letto, mentre depone con cura la sua parrucca sul comodino, per poi metterle accanto il suo splendido occhio di vetro, seguito poi dalla sua meravigliosa dentiera e dal prezioso apparecchio acustico.

Poi sarà la volta della sua mano di cuoio e della sua gamba di legno...

Ecco dunque: quegli oggetti sono protesi. Ciò che rimane è tuo marito. Risate dei ragazzi e via, con qualche nozione in più.

La cultura

Mi è capitato più volte, nel corso della mia carriera di insegnante, sentire dagli studenti la seguente lagna: "Professore, a che ci serve studiare quella materia? Perché ci impongono questo sacrificio inutile?". Domanda dalle conseguenze assai pericolose, se lasciata senza risposta:

"Nessuna materia è inutile, anche solo per risolvere i cruciverba, come ora, da adulto, capita a me.

La scuola e ciò che vi si insegna non hanno solo lo scopo di trasmettere delle nozioni da utilizzare nella vita quotidiana e in quella lavorativa, come la tavola pitagorica o le unità di peso e di misura.

La cultura ha una funzione di libertà. Vi siete mai chiesti perché in America i proprietari di schiavi vietassero loro di imparare a leggere e a scrivere? Rimanere incolti vi esporrebbe a diventare schiavi del primo dittatorello che capita, il quale, per soddisfare la sua smania di potere, prima o poi vi manderà a morire in un campo di battaglia... *Uomini siate, non pecore matte*, scrisse il Sommo Poeta.

Anche la materia di solito più gettonata per essere gettata al macero, la religione, ha un'enorme funzione culturale, non fosse altro che per il fatto che essa coinvolge miliardi di esseri umani. Cosí capirete perché il venerdí non si mangia carne, o perché c'è gente che preferisce morire, anziché accettare una trasfusione di sangue...".

"Io stesso, con una certa frequenza mi sono più d'una volta collegato al collega di religione per spiegare il diritto al riposo (*il sabato è fatto per l'uomo, non l'uomo per il sabato*) o il pagamento delle tasse (*date a Cesare quel che è di Cesare*) o la brutalità della pena di morte, esclusa dall'ordinamento giuridico italiano (*chi è senza peccato scagli la prima pietra*).
Ma il compito della scuola è soprattutto quello di fornire chiavi. Sì, chiavi, proprio come un negozio di ferramenta. Chiavi con cui aprire tutte le porte del sapere: solo se conoscerete la lingua italiana potrete leggere il foglio di istruzioni allegato a un medicinale, cosa che potrebbe salvarvi la vita; solo se conoscerete la matematica potrete capire se conviene comprare un prodotto; solo se conoscerete il diritto saprete che il voto è segreto e che se si passa col rosso, si va incontro a brutti guai...E come farete senza conoscere una lingua, se il destino vi porterà all'estero?"

I ragazzi riflettevano sul mio discorsetto.

66

Ma non sempre la pubblica amministrazione riflette e capisce che l'istruzione è uno dei più sicuri investimenti.

Quante volte, sotto Natale, non c'era ancora il riscaldamento e studenti e professori "*attrunzavano*"?!
- Professore, stiamo tremando di freddo, non capiamo più nulla..."
- Ma che dite? Ma se perfino Gesù appena nato, che pure era Dio fatto uomo, non aveva stufe e termosifoni! Egli, per riscaldarsi, seppe accontentarsi del bue e dell'asinello! Noi purtroppo non abbiamo buoi. Ma, grazie a Dio, per asinelli non ci possiamo proprio lamentare. E dunque..
La risata li teneva buoni fino al cambio dell'ora...

Quando ero sui trent'anni mi accorsi che un mio caro amico se ne stava spesso appartato. Viveva da solo, guadagnava bene, ma non aveva né moglie né fidanzata. Una volta lo volli affrontare: "Ma che fai tutto solo? Sei l'unico celibe della comitiva e quando torni a casa non trovi nessuno...". D'improvviso si sciolse e mi confidò il suo segreto: "Ferdinando, sono analfabeta. Se mi fidanzassi e la fidanzata mi mostrasse un giornale o una lettera da leggere, io morirei di vergogna!". Idem per la scuola serale.

Conoscevo bene una tale Cettina, nubile, maestra sui quaranta, sorella minore di un'amica di mia madre.

Una sera andai a parlarle: "Signorina, ho un amico adulto e analfabeta. Può dargli lezioni private la sera, quando ritorna dal lavoro? Egli non deve conseguire alcun titolo di studio, deve solo imparare a leggere, a scrivere e a far di conto". Cettina accettò e la sera dopo le presentai il mio amico. Egli diverrà padre e nonno felice. L'ho rivisto alcuni anni fa.

Toccata e fuga

Negli anni Sessanta c'era, ai "Quattro Canti" di Catania, incrocio tra Via Etnea e Via Antonino di San Giuliano, proprio sotto il palazzo da cui, nel 1862, Garibaldi parlò ad una folla entusiasta, una fornitissima edicola.

Secondo l'uso di allora in Italia, i giornalai esponevano all'esterno tutte le varie testate in vendita, facendo vedere solo l'*apertura*, dedicata alla notizia principale del giorno, e l'*articolo di fondo*, sperando che qualcuno, magari attratto da qualche titolo, comprasse un quotidiano o una rivista. Qualche volta era data anche la possibilità di leggere un intero articolo, segnato in rosso, riguardante qualche notizia di cronaca cittadina particolarmente ghiotta.

Io mi ci soffermavo spesso. Ero interessato a certi giornali, che al paese non arrivavano per mancanza di lettori e che rappresentavano i mille rivoli in cui era diviso il movimento operaio italiano, ai quali, molti anni dopo, avrei dedicato gran parte della mia attività di storico.

Qualche volta ne compravo qualcuno, che ancora conservo, come *Bandiera Rossa* (trozskista), *Umanità Nova* (anarchico), *Servire il Popolo* (maoista), "L'Umanità" (socialdemocratico).

Quel giorno stavo proprio lí, a scorrere con lo sguardo i vari titoli, ancora indeciso su quale acquistare. Ad un certo punto si fermò accanto a me, anche lei per guardare i giornali, una ragazza sui 22, piuttosto bella, una che si faceva *taliari*...

Dopo qualche minuto si aggiunse a noi un giovane, dal volto anonimo, un tipo piccolo borghese come ce ne sono tanti nella bella Catania.

Fu un attimo e la scena cambiò di colpo, lasciando i presenti a bocca aperta: il giovane, con mossa inaspettata e repentina, infilò una mano sotto la gonna "a campana", allora di gran moda, della ragazza, arrivando fino ai piani alti, e subito si diede a pazza fuga. La ragazza, tutta rossa e spaurita, dopo qualche minuto, si mischiò alla folla e sparí, mentre il giovane, velocissimo, risaliva la celebre arteria etnea, forse per andarsi a godere il frutto della sua fantasia malata... I pochi testimoni dell'episodio, ormai rimasto senza protagonisti, stupefatti e disorientati, per pochi minuti si scambiarono qualche commento...

Il mio carissimo amico M. era un padre attento e premuroso. Un giorno se ne stava nel suo appartamento, al terzo piano di un vecchio fabbricato, e ogni tanto guardava dal balcone nella strada sottostante poiché aspettava il rientro a casa della figlia, una mia ex alunna, bella e intelligente.

Ad un certo punto si accorse che la ragazza era arrivata, ma che stava colluttando vivacemente con uno sconosciuto, dall'aspetto per nulla raccomandabile. Senza pensarci due volte M. si precipitò giù per le scale, deciso a dare a quello scimunito una lezione che non avrebbe mai più dimenticato.

Ma non arrivò in tempo perché la ragazza, colpendolo ripetutamente con la sua borsa, in quel momento alquanto appesantita dal suo contenuto, aveva già messo in fuga quel pazzoide. Si trattava di un cosiddetto "esibizionista", il quale, chiudendo e riaprendo il suo impermeabile, come il sipario di un teatro alla fine di una recita di successo, intendeva presentare alla sua "vittima" del momento, il suo squallido coso, attore ormai inerte di un disgustoso spettacolo...

Se ne vedono in giro, di tanto in tanto, di questi deviati di serie B...

La protesta di Dante

Si racconta come un giorno Dante, passando per i vicoli di Firenze, abbia udito un artigiano recitare i suoi versi, mentre lavorava. Senza dir nulla, il poeta entrò nella bottega e si diede con furia a mandare ogni cosa per aria.

Il suo ammiratore, contrariato, ma più ancora stupito, gli chiese:

- Maestro, perché distruggi l'opera mia?

- E tu perché distruggi la mia?

Questo aneddoto sul Sommo Poeta che punisce l'artigiano che involontariamente storpiava i suoi versi, vuole sottolineare come ogni autore ci tenga assai a che le sue opere siano riportate o recitate per come egli le ha scritte, senza alcun cambiamento, neanche piccolo.

La scrittura è lo strumento di cui l'uomo, unico tra gli esseri viventi, si serve per tradurre in simboli grafici la parola parlata, a sua volta mezzo essenziale per la comunicazione e quindi per lo sviluppo delle aggregazioni umane.

La parola - sostiene il grande filosofo Gorgia - ha un grande potere: *È una grande dominatrice, che con piccolissi-*

mo e invisibile corpo, sa compiere grandi cose: riesce, infatti, a calmare la paura, a eliminare il dolore, a suscitare la gioia e ad aumentare la pietà. Essa ha cioè il potere di suscitare sensazioni di vario tipo.

Il problema che sorge per lo scrittore, cioè per colui che vuole rappresentare, trasmettere o ingenerare quelle sensazioni in altri, è quello di utilizzare al meglio i segni di punteggiatura, intesi in senso esteso, in modo che lo scritto sia quanto più possibile aderente alla parola e al pensiero che si vogliono riportare.

Dal punto di vista grammaticale e sintattico questo modo è lo stesso per tutti gli scrittori, ma è nelle sfumature che essi differiscono: nella collocazione delle parole, nella scelta degli aggettivi, nell'uso di virgolette, lineette, parentesi, corsivi, neretti...Ciò che lo scrittore vuole evidenziare, i suoni che vuole evocare, i silenzi, i sogni, le speranze, i sentimenti sono tutti affidati all'uso sapiente di questi piccoli segni, secondo quello che gli suggerisce la sua personale sensibilità.

Tentare di cambiare un aggettivo, di includere o escludere un corsivo, di mettere o togliere una nota, può sminuire, impoverire o perfino travolgere l'intendimento di ogni autore. Lo scrittore, invece, ha tutto il diritto di essere giudicato per ciò che ha realmente scritto e per come lo ha scritto.

Per questo Dante protestò in quel modo alquanto insolito e spettacolare.

La menzogna

Nel corso dalla mia ormai lunga esistenza ho potuto constatare come l'intera storia umana sia intrisa di menzogne, a partire da quella del Serpente che ingannò Eva, causandone l'espulsione dall'Eden assieme al suo compagno Adamo.

Da allora la menzogna naviga a vele spiegate in ogni tempo e in ogni luogo, tanto che lo stesso Dio decise di occuparsene quando dettò a Mosé i dieci comandamenti. Uno di essi, l'ottavo, infatti dice: "Non dire falsa testimonianza".

Una massima di George Orwell sentenzia: "Nel tempo dell'inganno universale dire la verità è un atto rivoluzionario".

Insomma menzogne se ne trovano a tutti i livelli e in tutti gli ambienti. Ma non sono tutte dello stesso tipo e quindi non si può fare di ogni erba un fascio.

Ci sono quelle dette per scherzo, come accade ogni 1° di aprile; ci sono quelle messe in giro dai creduloni, che in realtà non fanno che ripetere in buona fede, credendole verità, certe fantasie messe in giro da qualche buontempone; ce ne sono altre dette a fin di bene; e altre ancora per evitare mali peggiori o per salvare se stessi o altri...

Ma, purtroppo, ci sono anche quelle messe in atto per procurare un vantaggio illecito a se stessi o, peggio, per far male ad altri.

Doveva probabilmente pensare a quest'ultima categoria l'arguto statista democristiano Giulio Andreotti quando sottolineava che *a pensar male degli altri si fa peccato, ma spesso ci si indovina.*

Un proverbio dice: "Le bugie hanno le gambe corte", cioé finiscono sempre per essere scoperte; su ciò sarei più prudente, perché di bugie con le gambe lunghe ormai se ne vedono parecchie in giro.

76

A tal proposito mi sono proposto il seguente quesito: "Quali sono le menzogne che hanno le più corpose aspettative di vita?

La mia risposta: "Sono quelle che contengono in sé una parte, più o meno grande, secondo i casi, di verità. In tal modo il destinatario della menzogna ha la possibilità di verificare personalmente una parte, quella vera, dell'informazione ricevuta e sarà, di conseguenza, portato a concludere: "Se è vera una parte della notizia, sarà vero anche il resto". E il gioco è fatto.

Al cuore non si comanda

Ce ne stavamo languidamente *"stinnicchiati"* su una panchina della piazza principale, noi tre amici anzianotti, di cui uno esperto, davvero professionale e sempre aggiornato, di "gossip" locale, come oggi si usa dire o, per dirlo alla paesana, di corna, quando la nostra languente discussione fu ravvivata dal passaggio di un gruppetto di persone.

Fra di esse spiccava un'avvenente ragazza di 24-25 anni, una di quelle che si fa notare; un'altra di quelle persone era un grande invalido sui 40.

A quella vista il nostro esperto salí subito in cattedra e sentenziò: "La vedete quella? È sposata con un gran bel ragazzo, alto e prestante, con una faccia da attore. Ebbene, la ragazza ha lasciato quel gran pezzo di marito per mettersi con l'invalido che vedete accanto a lei!".

La discussione che si aprí in quel trio di sfaccendati alla fine approdò a una conclusione condivisa: "È proprio vero che al cuore non si comanda!", facendomi ricordare anche del caso di quel professore che aveva sposato un'ex prostituta professionista.

Il cuore!? Ma che cosa si intende con questa parola? Probabilmente il sentimento amoroso, che quasi sempre inizia con una scintilla, a volte definita "colpo di fulmine".

Il colpo di fulmine avviene fra due persone che non si erano mai conosciute prima; dunque non è altro che un'attrazione fisica, che viene alla luce per vie misteriose e del tutto personali.

L'amore, invece, è un sentimento assai più complesso del rapporto fisico. Tanto è vero che ci può essere un rapporto fisico senza amore, ma non amore senza rapporto fisico.

L'amore potrebbe prosaicamente descriversi come una società per azioni, in cui l'azionista di maggioranza è il sesso, ma in cui sono anche presenti diverse e importanti altre componenti, come l'affetto, la stima, l'amicizia, la complicità, la condivisione di valori e di gusti...

Mentre il rapporto fisico può essere libero, ma anche coercitivo, l'amore non può che essere libero.

Si può infatti costringere, con violenze, con minacce, lusinghe, denaro o promesse, una persona ad avere rapporti sessuali, ma non si può costringere nessuno ad amare o a cessare di amare una particolare persona!

Come mai? Perché l'amore è un sentimento che sfugge ad ogni controllo, anche a quello della persona che lo prova. Esso nasce, fiorisce o muore spontaneamente.

Nessuno può amare o smettere di amare a comando, nemmeno di se stesso.

Inoltre le "misteriose vie del cuore" sono strettamente personali. Una persona, vista dall'innamorato/a quasi come una divinità con mille pregi e nessun difetto, può essere considerata dagli altri volgare, meschina, brutta o perfino repellente. È come se l'innamorato/a fosse dotato di particolari occhiali magici che esaltano le qualità eccelse della persona amata, mentre gli nascondono (a lui solo) gli umani difetti che tutti noi abbiamo. Ma se quegli occhiali si rompono, improvvisamente la scena si illumina di una luce diversa e perversa, che gli fa dire, quasi incredulo/a: "Ma come mi sono potuto/a mettere con un simile sgorbio, che è anche scimunito?"

L'amore vero, inteso come incontro di due sentimenti misteriosamente spuntati, è un dono elargito dalla Natura ai suoi figli; ed è una cosa piuttosto rara e perciò, come tutte le cose rare, va preservato e coltivato.

Ma se esso non è ricambiato fa correre un grosso rischio: quello di cadere nel ridicolo.

Secondo poeti e romanzieri, l'amore ha una forza immensa, capace di muovere le montagne.

Secondo il Sommo Poeta il primo motore del creato è "l'amor che move il sole e l'altre stelle".

Secondo   la mia modesta esperienza la forza dell'amore è superata solo da quella dell'odio: etnico, razziale, nazionalista, ma anche classista, politico e soprattutto personale.

L'educazione

Credo che ciascuno di noi apprezzi negli altri un particolare valore, ritenuto preminente su tutti gli altri. C'è chi apprezza di più la bontà, chi la generosità, chi la bellezza, chi l'intelligenza e cosí via.

Io guardo principalmente all'educazione.

Il perché di questa mia "vocazione" non saprei dirlo con precisione. Forse perché nella mia ormai lunga vita ho avuto a che fare con ogni sorta di persone: aristocratici vanitosi, prelati importanti, intellettuali finti, cretini veri, padroncini superbi, contadini analfabeti, signore raffinate, povere disgraziate...e ho tutti trattato nello stesso preciso modo: con assoluta parità e con educazione.

L'educazione che io ho cercato sempre negli altri è probabilmente legata al rispetto che ho sempre ritenuto doveroso avere verso qualunque persona umana, senza volgari ossequi verso i potenti e senza sciocca alterigia verso i meno fortunati.

All'inizio di anno scolastico, alle classi in cui avrei insegnato per la prima volta facevo sempre lo stesso discorsetto:

"Ragazzi, in me troverete un padre, prima ancora che un insegnante. Se avrete difficoltà nello studio, io vi aiuterò a superarle. Non solo nella mia materia, ma anche in quelle degli altri miei colleghi, avvalendomi del prestigio di cui penso di godere e delle benevolenza che essi hanno per me.

Io sono l'unico professore, fra gli oltre cinquanta dell'Istituto, che consente agli alunni di mangiare in classe, purché essa non si trasformi in una bettola. Ciò facendo mi espongo al rischio di essere rimproverato dal preside, anche se la cosa non è mai accaduta. Inoltre non nego a nessuno di andare in bagno, purché non vada a fumare. Per le interrogazioni lascio a voi la scelta di decidere il metodo da usare (tutti optavano per le interrogazioni volontariamente programmate).

Ma su una cosa sono inflessibile: l'educazione e il rispetto per gli altri! Anche tenendo conto che la vostra è una classe mista. Chi violerà questo principio dovrà vedersela con me".

Devo dire che il discorsetto veniva recepito e che, se qualche volta a un maschietto capitava di lasciarsi sfuggire la tipica espressione siciliana "*Minchia!*", ed io subito lo mandavo fuori, a rinfrescarsi le idee, egli usciva mogio e pentito e senza contestazioni...

Posso oggi dire che la grandissima maggioranza dei miei 600 alunni mi ha voluto bene e che tutti mi hanno rispettato. Lo so, perché sono stato alunno anch'io ed ho riservato il mio rispetto ai professori che avevano fatto il loro dovere.

Aggiungo infine che in tutta la mia carriera non ho mai adottato un solo provvedimento disciplinare. Una sola volta ho annotato - ma era una cosa dovuta per legge - che due mie alunne non erano ancora rientrate in classe dopo mezz'ora dalla fine della ricreazione. Si trattava di due brave ragazze, brave nella scuola ed anche nella vita, che durante l'intervallo erano uscite dalla scuola per andare a trovare una loro compagna ammalata che abitava nelle vicinanze.
Una ragazzata un po' pericolosa, che fu punita con... una finta sgridata.
Io ho amato la scuola, dove ho lavorato con passione e senso del dovere, essendone ampiamente ripagato dall'affetto dei miei alunni e dalla stima del personale.

L'amico intimo

L'uomo, com'è noto, è un animale sociale, tendente perciò a vivere in comunità coi suoi simili.

Ciò comporta per lui anche il bisogno di comunicare cogli altri, per apprendere vari tipi di informazione e per trasmettere agli altri le proprie conoscenze ed esperienze.

Il tutto finisce col migliorare le condizioni di vita del singolo, della comunità in cui opera ed anche dell'umanità intera.

C'è però un grandissimo numero di pensieri che si preferisce non comunicare agli altri e che costituiscono i nostri "segreti": pensieri propri che si preferisce tenere per sé, per non ritrovarsi senza "difese" davanti agli altri ed anche per evitare di farsi un gran numero di nemici, visto che assai spesso si tratta di pensieri molto critici, o peggio, verso gli altri, anche verso quelli ufficialmente amati; ma anche segreti altrui che ci sono stati confidati e che non vogliamo rivelare per non far del male agli altri e per salvaguardare legami personali per noi importanti.

Ci sono dei momenti, tuttavia, momenti di ansia, di abbattimento psicologico, di solitudine umana, in cui si sente il bisogno di sfogarsi con qualcuno, di cercare un sostegno, di rivelare un segreto di cui non si sa più se è bene conservarlo o condividerlo con un altro.

Ma con chi parlare per sciogliere la tensione, per chiarirci le idee? Occorre una persona capace di capire, di risollevarci senza giudicarci.

Ci sono delle persone, come gli psicologi e i preti, particolarmente addestrate per aiutarci a "spifferare" tutto e quindi a toglierci di dosso il peso che ci opprime.

Ma ciò spesso non basta, ci vuole qualcuno che il singolo ritenga capace di ascoltarlo. Questo qualcuno può essere il partner o un parente stretto, o una persona stimata.

Un qualcuno, cioè, che in generale possiamo definire un "amico intimo", una persona che si ritiene in grado di capire e di consigliare.

Dalle mie parti vige il "principio dell'amico intimo". Quando si sente la necessità impellente di condividere con qualcuno un segreto, proprio o di altri, si ricorre a chi mai potrebbe tradirci.

All'amico intimo, appunto. Il più intimo, per essere assolutamente sicuri.

Si dimentica, però, che l'amico intimo ha anche lui un amico intimo, con cui tranquillamente condivide ogni segreto, compreso il nostro. E che questo amico dell'amico ha, a sua volta, un suo amico intimo...

Insomma, nel giro di poche ore, la notizia svelata vola da fiore in fiore e tutta la città viene a conoscenza del segreto iniziale, magari con l'aggiunta del saporito contorno di qualche stuzzicante pettegolezzo.

Tanto sarebbe valso affiggere dei manifesti o pubblicare un comunicato sui giornali.

Com'è complicata la natura umana...

Il fumo

Sono ormai moltissimi anni che studiosi di ogni tipo indagano sul perché molte persone cominciano a fumare e poi, pur avendo acquistato consapevolezza dei danni causati direttamente dalla nicotina e di quelli che ne conseguono (spese elevate, cattivo alito, difficoltà respiratorie), continuano a fumare.

Si comincia a fumare per vari motivi: per sentirsi "più grandi", per spirito di emulazione, perché si pensa che la sigaretta dia sicurezza o disinvoltura al nostro comportamento, per un vuoto affettivo, per l'illusione che il fumare distenda i nervi e combatta lo stress...

Quello che finora si può affermare con una certa sicurezza è che raramente il tabagista riesce a rompere, con le sue forze, con la dipendenza dal fumo per due ordini di motivi, fra loro strettamente intrecciati: per alcuni meccanismi biochimici, per cui la droga finisce per collegarsi col sistema nervoso, il quale man mano non riesce più a farne a meno; ma, soprattutto, per svariati e tortuosi percorsi psicologici di cui di certo si può dire solo che essi sono strettamente connessi alla storia personale di ogni singola persona coinvolta.

Nel corso della mia esistenza ho incontrato il fumo in varie occasioni, che qui voglio ricordare.

Cominciai a fumare a 13 anni, per spirito di emulazione verso i "grandi", e forse per il vuoto affettivo seguito al secondo matrimonio di mia madre, andata a lavorare e a vivere in un'altra città.

Cominciai in un modo oggi scomparso, ma allora (primi anni '50) ancora assai diffuso: raccogliendo le cicche che i fumatori lasciavano cadere nelle strade cittadine. Si sventravano le cicche, si raccoglieva il poco tabacco rimasto, ci si procurava una cartina alla meglio, vi si metteva il tabacco raccolto, si arrotolava e la "sigaretta" era fatta.

Dopo un paio d'anni cominciai a comprarle, due al giorno, poi tre e, da adulto mi stabilizzai su un pacchetto al giorno.

Un mio amico ormai anziano, un ex militare in pensione, aveva l'abitudine di farsi fare periodicamente un "chek up", cioè una visita di controllo generale per prevenire eventuali patologie.

Una volta il medico, esaminate le lastre della radiografia al torace, esclamò: "Lei ha i polmoni puliti come quelli di un neonato. Si vede chiaramente che non fuma!".
Il mio amico rispose: "Dottore, io fumo due pacchetti al giorno di sigarette!" Era proprio cosí.

Il fumatore ha sempre paura di rimanere senza sigarette, per cui si cautela contro ogni possibile difficoltà, tenendone sempre alcuni pacchetti di riserva. Un giorno lessi sulla stampa di un probabile sciopero dei lavoratori del settore che avrebbe interrotto la produzione e quindi la distribuzione di sigarette alle tabaccherie. Essendo impegnato col lavoro, chiesi a mia moglie di recarsi subito nella mia tabaccheria preferita, gestita da una mia ex alunna, e di comprarmene alcuni pacchetti.
La ragazza mi voleva bene e perciò, sapendo della imminente carestia, me ne aveva messo da parte addirittura una stecca (confezione di 20 pacchetti).

Con lo sciopero e la conseguente mancata fornitura, i tabaccai esaurirono in poco tempo la loro scorta di merce, e per una quindicina di giorni le sigarette scomparvero dai loro scaffali. Ma io non ne soffrii per nulla! Anzi regalai un pacchetto di N 80 ("Nazionali" in commercio dal 1980) a un mio amico, cui si stavano attorcigliando le budella per la forzata astinenza. E a scuola ne offrivo alle sofisticate professoresse, le quali, piene di gratitudine, mi chiedevano: "Che significa quella N?". Ed io, con *nonchalance* rispondevo: "Che vengono dalla Norvegia".

Nel corso di una visita, il medico chiese al mio amico Turi, molto più anziano di me: "Lei vuol vivere o morire?". "Vivere, naturalmente!". "E allora, se vuol vivere, mi dia il pacchetto di sigarette che ha in tasca e non fumi mai più".
Visto l'atteggiamento piuttosto serio del sanitario, Turi, che se la stava facendo sotto per la paura, consegnò il pacchetto e non fumò mai più. Le sigarette forse se le fumò il medico, ma Turi visse fino a 95 anni.

Un giorno - avevo ormai 64 anni ed ero in pensione - mentre mi avviavo verso casa, mi venne d'improvviso uno strano pensiero: "Ma perché io continuo a fumare?".
Decisi allora, senza un perché, dopo 51 anni di fumo, di smettere. Non sono un avaro, ma neanche uno sprecone, per cui aggiunsi una strana clausola alla mia decisione: avrei smesso, ma solo dopo aver regolarmente fumato i tre pacchetti che tenevo in casa di riserva.

Mi erano rimaste ormai le ultime tre sigarette e stavo fumando, mentre parlavo con due amici in strada, quando sopraggiunse un terzo, noto scroccone, che si uní a noi. Vedendomi fumare, subito mi chiese: "Mi dai una sigaretta?". Era una cosa che avrei fatto senza pensarci in situazioni normali; ma, proprio quando mi erano rimaste le ultime tre.... Avrei preferito un pugno in faccia. Gliela diedi "con la morte nel cuore" e fui tentato di sostituirla, comprando un altro pacchetto. Ma seppi resistere.

I primi giorni di astinenza furono terribili e le caramelle che prendevo in sostituzione delle sigarette non servivano a nulla. Ma, col passare dei giorni, la dipendenza diminuiva sempre più. Lentamente, ma continuamente.

Mi accorsi dopo pochi giorni di due effetti benefici della mia decisione: i molti soldi che pagavo al tabaccaio erano felici di rimanere a casa loro, cioè nelle mie tasche; la piccola bronchite cronica di cui soffrivo era del tutto scomparsa.

Ora, dopo vent'anni da quel giorno, qualche volta nel sonno mi vien voglia di fumare, come se il sangue mi dicesse: "Ancora una, una sola, per favore". Ma io ho sempre resistito, perché so che, fumando quell'una, avrei finito per ricadere in quella trappola di nicotina.

E mi sono ricordato della storiella di quel tizio che, udendo gli amici parlare dell'enorme difficoltà per lo smettere di fumare, cosí li apostrofò: "Ma che difficile e difficile! È invece piuttosto facile: io, ad esempio, ci sono riuscito una decina di volte!".

La laurea

Il corso di laurea in giurisprudenza si compone di 21 materie: 18 obbligatorie e 3 da scegliere a piacere in un altro gruppo di 10-15, dette "complementari".
Io scelsi le seguenti:

-"Esegesi delle fonti del Diritto Romano" perché completava il quadro delle materie romanistiche.
- "Contabilità di Stato", perché dava le conoscenze necessarie per capirci qualcosa nel labirinto della finanza pubblica.
- "Diritto Canonico" (il diritto interno della Chiesa cattolica), perché si collegava al Diritto Ecclesiastico, materia obbligatoria che si occupa dei rapporti tra lo Stato e le Chiese e perché il Diritto Ecclesiastico era la materia che avevo deciso di scegliere per la tesi di laurea.

Quando mi presentai nello studio del professore per scegliere l'argomento per la tesi, commisi un grave errore. Il professore molto democraticamente mi chiese: "Su che argomento particolare vuol fare la tesi?"

Ed io che avevo in mente di fare la tesi sulle confessioni protestanti, risposi in modo maldestro: "Sulle confessioni acattoliche". Con questa espressione non si intendono solo le chiese protestanti, ma anche tutte le chiese non cristiane, come quella islamica, quella buddista, etc.

Il professore, credendo di accontentarmi, subito mi disse: "Allora l'argomento sarà su "La Comunità israelitica in Italia". Non ebbi il coraggio di dirgli che mi ero espresso male e perciò rimasi con una tesi da svolgere che non era affatto quella da me preferita. Il lavoro fu quindi alquanto faticoso, ma serví comunque ad avvicinarmi al mondo delle religioni, che mi aveva affascinato fin da giovanissimo.

Ero, negli anni '60, corrispondente da Lentini di un giornale di Palermo. Sicché, quando mi laureai, il giornale pubblicò un trafiletto: "Il nostro corrispondente da Lentini FL si è laureato in Giurisprudenza con una tesi su "La Comunità israelitica in Italia".

Pochi giorni dopo mi arrivò una lettera dalla centrale nazionale di tale Comunità, con cui essa si complimentava con me e mi chiedeva una copia della tesi.

Poteva essere l'inizio di un buon rapporto... Ma io feci un altro ragionamento sbagliato. La tesi allora si produceva in tre copie: una andava al professore della materia, una all'archivio dell'Università ed una rimaneva al neo-laureato.

Dunque io avevo solo la mia copia. Per aderire alla richiesta della Comunità ebraica avrei dovuto privarmi di essa, frutto di tanto impegno, oppure farne stampare appositamente un'altra copia, ma con una spesa elevata, che io allora, anche per il rapporto conflittuale coi miei familiari, non ero in grado di sostenere. Stupidamente non mandai la tesi.

La mia passione per l'argomento riaffiorò dopo il pensionamento, quando divenni un appassionato di storia. Su suggerimento dello storico lentinese Saro Mangiameli, scrissi il libro sui protestanti di Lentini, questa volta senza sbagliare il titolo: "Il culto e la memoria - i cristiani acattolici a Lentini", che ancora considero il mio migliore.

Taddarita

Non ricordo più il suo nome, o forse non l'ho mai saputo, giacché tutti lo chiamavano Taddarita (pipistrello).

Era un mio compagno di scuola alle elementari e lo incontravo ogni giorno a scuola col suo libro sgualcito e pieno di "orecchie" (pieghe) e un qualcosa che assomigliava lontanamente a un quaderno; ma non sapevo da dove venisse né dove andasse alla fine delle lezioni.

Ciò che più mi colpiva di lui erano i suoi piedi nudi, senza scarpe, col caldo e col freddo.

La loro sporcizia era tale da potersi scambiare con un paio di scarpe nere. Nere come la miseria che si vedeva in giro, con famiglie di 7-8 persone che dormivano ammucchiate in una sola stanza con le galline o con l'asino, senza acqua corrente, senza luce elettrica, con servizi igienici (?!) incavati in una parete della stanza...

Eppure quel bambino di otto anni scalzo, magro e infreddolito, trovava la forza di venire a scuola! Forse c'era in lui un anelito di riscatto umano, prima ancora che sociale.

"Poca favilla gran fiamma seconda" (Dante). Credo sia stata quella la scintilla che in seguito diventerà la fiamma della mia irrevocabile scelta socialista.

Taddarita era il soprannome dispregiativo con cui la crudeltà umana aveva marchiato quel povero essere indifeso, ritenuto dai "figli di papà" un rifiuto sociale, un diverso da sbeffeggiare.

Un giorno la nostra maestra, maestra di vita, prima ancora che di scuola, Rosa Giudice Vacirca, decise di farci fare il primo "dettato". Lei leggeva un testo, ad alta voce e scandendo le parole, e noi dovevamo tradurre nella parola scritta ciò che sentivamo.

Finita la dettatura, bisognava mettere sul banco i quaderni bene aperti, affinché la maestra potesse verificare la correttezza del nostro lavoro, sul quale poi metteva il suo giudizio, espresso in voti da 1 a 10.

Ed ecco i risultati: Tizio 9, Caio 8, Sempronio 9, Taddarita 4! Un disastro da aspettarsi da uno che faceva fatica a capire la lingua italiana!

Taddarita, vedendo ribadita la sua inferiorità, cedette alla disperazione. E pianse, pianse il piccolo pipistrello.

La maestra - che donna! - dopo un attimo di disorientamento, prese la sua decisione:

"Bambini, questo compito non mi è piaciuto, siete stati poco attenti. Per cui esso è annullato. Ne faremo perciò un altro".

Alla fine del secondo dettato, anche sul quaderno di Taddarita, campeggiava un bell'otto, scritto con la matita rossa.

Nostalgia

Che cos'è la nostalgia? È una forma particolare della malinconia, la quale è molto diversa dalla tristezza.

La tristezza è leale, deriva da un fatto ben preciso, spesso si estingue con la subentrante lucidità razionale o con un pianto liberatorio.

La malinconia, invece, è una serpe, di cui non si conosce con precisione l'origine, che si insinua nel corpo e nella mente e lentamente li rode, fino a portarli all'agonia.

Io vivo a Bratislava che, con le vicine Budapest, Vienna e Praga, forma un gruppo di bellissime capitali, in cui chiunque vorrebbe vivere.

Eppure, io continuo a pensare alla mia città in Sicilia, l'antica città greca citata da Polibio e poi divenuta un grosso centro agricolo, teatro di epiche lotte tra patrizi e plebei, comunque denominati. Una città il cui vanto principale sembra essere quello di aver dato i natali al grande filosofo Gorgia, rivale di Socrate e di Platone, e al poeta Jacopo da Lentini, "notaro" alla corte palermitana di Federico II, e inventore del sonetto.

Ma di che cosa ho nostalgia? Delle sue vie, delle case, degli edifici in genere? O dei suoi abitanti, di quelli conosciuti e degli altri solo intravisti?

L'ultima volta che vi sono tornato ho fatto un giro nel quartiere in cui sono nato e cresciuto: via Roma, via Lisso, collegati dalla piccola via Lazio in cui abitavo, via Italia... Vedevo sgomento allineate le case , di cui conoscevo uno per uno tutti gli antichi abitanti e le loro storie, ora mute e deserte...

O forse ho nostalgia dei miei numerosi amici: compagni di giochi, vicini di casa, compagni di scuola, dell'ambiente sportivo, di quello politico, di quello culturale e di lavoro?

Ebbene, tutti costoro, che io ricordo nitidamente, sono morti o dispersi per il mondo, per cui nel mio mondo non ci potranno più essere.

Ma, pur sapendo di non avervi più né parenti né amici, io vorrei tornarci, senza capirne bene il perché. Forse perché vorrei ritrovare, come tutti, l'infanzia, l'adolescenza, la giovinezza, "che si fugge tuttavia"...

Ma so anche che, se davvero potessi tornare nella mia città, avrei nostalgia della mia bella Bratislava.

Che essere complicato è l'uomo!

Il denaro

L'industrializzazione della produzione, avvenuta verso la fine del Settecento e nel corso dell'Ottocento, produsse nei rapporti sociali importanti conseguenze, anche pratiche.

Anzitutto la ricchezza finí per non consistere più, come in passato, solo nella grande proprietà della terra, cioé nel latifondismo di tipo feudale, (ricchezza propria dei nobili), ma nella proprietà del denato, cioé del capitale finanziario, che diede appunto vita al „capitalismo" (proprio della borghesia).

Momento emblematico di tale epocale cambiamento fu la Rivoluzione Francese, in cui la cruenta lotta tra l'oziosa aristocrazia e l'intraprendente borghesia, si concluse con la vittoria, clamorosa e definitiva, di quest'ultima.

All'aristocrazia parassitaria dunque non rimase che soccombere e adattarsi ai tempi nuovi. Quanti nobili portano ancor oggi nel loro cognome la fatidica preposizione „di" o „de", anche se non possiedono il becco di un quattrino!

Ma una buona parte della borghesia seppe anche accordarsi con la spodestata nobiltà. Si veda, in proposito il noto romanzo di Tomasi di Lampedusa (ecco, nel nome, la famosa „di"!), in cui Tancredi, il nipote mezzo spiantato del Principe, sposa la bella figlia di un *parvenu*, un ignorante arricchito, senza blasoni nobiliari, ma pieno di quattrini.

Il denaro divenne dunque l'obiettivo della nuova società, potremmo dire il suo Dio. In certi ambienti il successo e la ricchezza nella vita terrena furono anche considerati i segni sicuri della grazia di Dio.

Finí perciò che l'arricchimento divenne il mezzo non solo per vivere nell'agiatezza, ma anche il segnale di essere destinati alla salvezza!

Ciò incrementò in molti non solo la capacità, caparbia fino al sacrificio di sé e della propria famiglia, di impegnarsi in un lavoro duro e spesso pericoloso, ma redditizio, come ad esempio quello dei pionieri dell'Ovest americano; ma – ahimé – anche quella di opprimre, e a volte di sopprimere, gli altri. Ed ecco lo sterminio dei pellerossa, quasi inermi con le loro rudimentali frecce di fronte ai winchester a ripetizione, e la schiavizzazione dei neri, manodopera a costo zero, sottoposta a enormi sofferenze e umiliazioni.

Man mano il capitalismo finí con l'adorare il suo nuovo vitello d'oro e si fece più esperto, più dinamico e più audace.

La sua attività si è sempre basata su un elementare ragionamento economico. Alla domanda su come incrementare il proprio guadagno, il capitalista si è risposto: „Diminuendo le spese di produzione, aumentando i prezzi di vendita e vendendo di più".

La diminuizione dei costi ricade sui produttori (coltivatori e operai), spesso costretti alla miseria o alla disoccupazione; l'aumento dei prezzi viene sopportato dai consumatori (le famiglie); l'aumento delle vendite, sostenuto da una pubblicità scientificamente elaborata, spesso ha portato all'imperialismo, politico o anche semplicemente economico.

Le vendite vengono incrementate, ad esempio, anche favorendo il sorgere di bisogni, anche artificiali (io stesso non potrei vivere senza il mio telefonino e il mio computer, mentre i miei genitori e i miei nonni ci vivevano senza problemi), e con tante trovate, quali la furbesca dispozione delle merci, le offerte „speciali", la mercificazione del sesso e mille altri strumenti e stratagemmi.

Neppure la religione è sfuggita a questa „aggressione" dalla logica inesorabile, sicché le feste sono diventate per taluni occasione di arricchimento: l'abito nuovo, il pranzo luculliano e la cena senza freni, leccornie di ogni tipo e latitudine e regali, regali, regali ad ogni occasione...

Questo cinico sacrificio umano al nuovo Baal nel corso della storia ha incontrato due grandi forze umane che si sono battute contro di esso: il socialismo e il cristianesimo, che hanno individuato la natura spietata e pagana del nuovo sistema dominato da culto del denaro.

Ciò ha indotto il grande capitale ad adottare importanti iniziative atte a fronteggiare le due pericolose insidie.

Dopo aver inizialmente applicato il sistema del „suffragio ristretto", legato al censo, che escludeva dal diritto di voto la totalità delle donne e la gran massa dei non ricchi, ha dovuto accettare, sotto la pressione delle masse popolari, il sistema liberaldemocratico: una persona, un voto.

Ma non si è perso d'animo ed è corso ai ripari, cercando ad ogni modo di mantenere la sua influenza, cooptando nel club dei privilegiati consistenti settori della società, gratificati con altissimi redditi o compensi e affascinando i più deboli, grazie alla proprietà dei mezzi di comunicazione di massa, che dipingono la società del denaro, come la migliore delle società, dove tutti sono belli, ricchi e felici.

Sullo sfondo ora si agita un ceto medio sempre oscillante tra la speranza di entrare nella cerchia dei superstipendiati e il terrore di precipitare nell'aborrita povertà.
Se poi questo non dovesse bastare e qualcuno si mettesse in testa di cambiare realmente le cose, allora si può ricorrere alle maniere forti, organizzando rivoluzioni, guerre civili, colpi di Stato... per buttare giù tipi come Salvador Allende e Alexander Dubcek.

Prudenza

Molti anni fa mi capitò di leggere questa frase: "Quando non sai qual è la strada del tuo dovere, scegli la più difficile". Mi colpí molto il suo profondo significato morale e, da allora, ne feci uno dei punti fermi della mia vita.

Più volte mi sono trovato a dover scegliere tra due opzioni alternative, spesso entrambe importanti o addirittura pericolose, ciascuna delle quali conteneva vantaggi e svantaggi. Non è stato facile, ma quella massima mi ha aiutato molto a scegliere.

In proposito voglio qui ricordare un episodio probabilmente meno importante di altri, ma assai significativo, relativo alla mia professione.

Capitava a volte che io avessi, in qualche classe, l'ultima ora di lezione, quando professori e alunni sono assai stanchi. Tuttavia anche in quell'ora ritenevo di dover fare ciò per cui ero pagato: insegnare. Lo facevo, però, tenendo conto delle circostanze di fatto, cioé della stanchezza generale.

In concreto: non ho mai assegnato più di due pagine per volta, forse perché mi ricordavo di quando, al ginnasio-liceo, i professori assegnavano con disinvoltura una catasta di compiti; ed ho sempre fatto le verifiche attraverso interrogazioni programmate e del tutto volontarie.

Alleggerendo la lezione dell'ultima ora, avveniva spesso che il lavoro finisse un quarto d'ora prima, o anche più, della fine dell'ora.

Cominciava allora un fastidioso dibattito fra me e gli alunni:

- Professore, se ormai abbiamo finito tutto, perché restiamo ancora qui?

- Mi dispiace, dobbiamo aspettare il suono della campanella, che dà il segnale di uscita...

- Ma professore, gli altri fanno cosí: quando finiscono vanno via, senza aspettare la campanella...

- Se lo fanno, sbagliano. Non sono io a dover imitare loro, ma semmai loro a dover imitare me...

Un giorno una ragazza forestiera, piuttosto insistente, mi fece sentire un verme:

- Professore, se lei non ci manda, io, per soli 5 minuti, perderò l'autobus per il mio paese e, per il successivo, dovrò aspettare più di un'ora; e arriverò a cara alle 16,00 e dovrò ancora pranzare e fare i compiti fino a tardi...

In un attimo sorse in me il dilemma: andare incontro alle giuste esigenze dei miei ragazzi, che io, ricambiato, amavo tanto, violando però una chiara norma; oppure osservare la rigida norma e farmi mal giudicare da quella ragazza?

Mi ricordai allora di quella massima accennata all'inizio e scelsi la seconda opzione: aspettare la campanella, costi quel che costi.

Quando suonò il segnale di uscita, non appena la ragazza forestiera mise il piede in strada, fu investita da un'auto e finí all'ospedale. Ne fui molto dispiaciuto e il giorno dopo andai a trovarla.

Ma non potei fare a meno di pensare che, se l'incidente fosse avvenuto durante l'orario di servizio, il padre di quella poverina avrebbe avuto tutto il diritto di dirmi: "Stronzo e vagabondo, se tu avessi fatto interamente il tuo dovere, tenendo i ragazzi a te affidati a scuola fino all'orario stabilito, mia figlia non sarebbe finita all'ospedale".

Vivo o morto

Era il 2018 ed ero ritornato da poco nella mia città natía, dopo quasi dieci anni di assenza.

Io e un mio vecchio amico stavamo per entrare in un bar per prendere qualcosa e per fare una chiacchierata.

A qualche passo dall'ingresso incrociammo un'altra coppia di amici, che da lí stava uscendo.

I due si fermarono di colpo e presero a fissarmi e a confabulare tra loro. Alla fine uno dei due si fece coraggio:

- Scusi, lei è il professore Leonzio?

- Sí, sono io.

- Il fatto è che, proprio ieri, io e questo mio amico parlavamo di lei e, poiché da tempo non l'avevamo vista in giro, ci chiedevamo se lei fosse vivo o morto...

- Come può vedere...

- Dunque, lei è vivo?

Non mi toccai, come in questi casi usano fare i superstiziosi.

Ma ora, mentre scrivo, proprio ora, cioè nel 2023, mi è venuto un dubbio:

"Ma quella specie di san Tommaso che mi fece quella domanda, che avrà avuto solo qualche anno meno di me, dopo cinque anni, sarà ancora vivo?".

Politica ridens

Quello che un giorno ebbe a dire un noto patriarca del socialismo italiano, cioè che "la politica è sangue e merda" è in generale vero.

Io che la politica l'ho fatta attivamente per oltre 40 anni e ne ho visto di tutti i colori e sapori potrei testimoniarlo.

Ma non si può tuttavia negare come la politica possa anche offrire a volte spunti di sorridente ilarità ed anche di rilassante comicità.

Gli esempi di livello nazionale non mancano di certo: dall'arguto motto di Giulio Andreotti "il potere logora chi non ce l'ha", alla curiosa attribuzione, espressa da Giuseppe Saragat, di un insuccesso elettorale al "destino cinico e baro", fino alla critica al soporifero moderatismo di Aldo Moro riassunta dai suoi avversari nel motto "avanti adagio, quasi indietro".

Ma in questa sede voglio soffermarmi su alcuni piccoli episodi avvenuti in un grosso centro agricolo siciliano, se non altro perché pochissimo conosciuti.

Quasi nessuno, ormai, ricorda il comizio "a braccio" di un oratore locale, smanioso di ricordare agli astanti i suoi meriti politici, quando, lasciando il pubblico allibito da tanta audacia, pronunciò, alludendo a se stesso, l'equivoca domanda retorica "durante la guerra chi ha dato la carne alle vostre mogli?"

Credo di essere il solo ad aver assistito ad un intero comizio di quartiere, davanti ad un pubblico di zero persone. Poco prima di iniziare il suo discorso, visto il mio stupore per l'assurdo proposito di parlare... a nessuno, il coraggioso oratore socialista così mi rassicurò: "Non ti preoccupare, sono tutti a casa e stanno mangiando. Mi sentiranno lo stesso!".

Quando prese la parola in un congresso del suo partito il delegato, tutto preso dal suo appassionante discorso, si lasciò sfuggire un intercalare assai diffuso tra i siciliani, cioè quel "minchia", ormai divenuto una semplice esclamazione dialettale, subito fu ripreso dall'autorevole rappresentante della Federazione Provinciale: "Ti prego di usare un linguaggio consono a questo congresso".
L'oratore, con finta sorpresa, si volse verso di quello e, con accento amorevole, così lo congelò: "Picchí, t'affrunti?" (Perché, offendo il tuo pudore?).

Simpatico il missino che, in un pubblico comizio, stigmatizzò in versi i suoi avversari politici:

"Scudo crociato?

Voto sprecato!

Falce e martello?

Sprecato anche quello!"

Simpatico anche il comunista che cosí esordí: "Io vi parlo DI questo balcone...".

Potrei continuare, ma non amo molto le barzellette, anche se verissime. Mi limiterò perciò a citare, in conclusione, un episodio che considero un autentico capolavoro della comicità politica.

Un gruppo politico intendeva partecipare al dibattito intorno ad un'importante questione, presentando un proprio documento.

L'incarico di stilarlo fu conferito al più preparato fra i suoi aderenti, di fatto il suo leader. Il quale, fra le sue tante qualità, aveva la curiosa capacità di ripetere uno stesso concetto, ma sempre con parole diverse.

Passavano i giorni e il documento non veniva fuori, rischiando cosí di perdere di attualità.

Gli aderenti allarmati, cominciarono perciò a telefonargli, sempre con la stessa domanda: "A che punto sei col documento concordato?", ottenendo sempre la stessa insoddisfacente risposta, ma con parole sempre diverse:

"Avete ragione, mi metto subito al lavoro"; "Sono stato raffreddato, ma in un paio di giorni lo farò"; "Ho avuto importanti impegni di lavoro, ma ora sono finiti"; "Entro qualche giorno sarà pronto". E così continuando, ma il documento non spuntava mai.

Alla fine, forse perché aveva esaurito il suo pur vasto repertorio, rispose al suo esausto richiedente con la frase che...lo consegnerà alla storia: "È quasi iniziato!".

Essere o non essere

Ma è proprio vero che vita e morte sono in netta contrapposizione? O non c'è piuttosto fra le due una certa continuità, dovuta al costante processo di evoluzione della materia? C'è un fondo di verità nella dottrina della metempsicosi, variamente interpretata dagli antichi pitagorici e da alcune religioni orientali?
Tutte domande, queste, alle quali è difficilissimo dare una risposta esauriente. Ed infatti nessuno l'ha data quella risposta, poiché nessuno è mai tornato da quello che viene appunto definito "il viaggio senza ritorno".

Mio nonno e il suo amico Delfo erano concordi in tutto, tranne su una cosa: Delfo era credente e mio nonno miscredente. Per porre fine a quest'unica differenza si fecero la curiosa reciproca promessa che il primo a morire fra loro sarebbe apparso in sogno all'altro per svelargli il mistero del "dopo".
Morí per primo Delfo, ma non apparve mai in sogno all'amico.

Se è meglio vivere o morire sono interrogativi che si sono posti anche uomini geniali, senza però arrivare ad una conclusione certa.

Come ad esempio William Shakespeare, quando fa pronunciare al suo Amleto il celebre interrogativo "Essere o non essere?", cavallo di battaglia di grandi attori.

Un approccio originale che fa riflettere è quello adottato da san Francesco d'Assisi nel suo celebre *Cantico delle creature*, dove si rappresenta la morte non più come una vecchia e smagrita megera, ma come una vera amica dell'uomo, come appunto sono tutte le cose esistenti:

Laudato si' mi' Signore per sora nostra morte corporale,
da la quale nullu homo vivente pò scappare...

Nel Cantico delle creature la morte "corporale" è infatti considerata come sorella e dal santo accettata nella sua naturalità. In questo modo San Francesco si libera del terrore della "prima morte".

In effetti, se non esistesse la morte, il mondo ben presto si riempirebbe di vecchie cariatidi traballanti, ormai bisognose di tutto e incapaci di produrre nulla. Sarebbe la fine della civiltà umana. O forse quella civiltà non sarebbe mai nata. Impossibile immaginare tragedia più grande di una società senza morte.

Tuttavia l'uomo medio, almeno quello sano di mente, ha paura della morte e perciò le pensa tutte per evitarla. Come mai? A questa domanda è possibile dare una risposta.

L'uomo, come tutti gli animali, comprese le mosche e le formiche, ha in sé radicato l'istinto a vivere e quindi a scansare la morte.

Ma, mentre tutti gli animali si difendono solo quando sentono la loro esistenza in pericolo, l'uomo vive nel costante timore della morte e si crea ogni possibile via di fuga, secondo le proprie convinzioni. Questo avviene perché, unico fra tutti gli animali, ha la coscienza del proprio essere.

Le galline d'allevamento, pur destinate ad una fine prematura che esse ignorano, se la spassano tranquillamente. L'uomo, l'unico che sa come andrà a finire, spesso se la fa sotto e cerca di correre ai ripari...

Per quanto mi riguarda, solo una volta ho avuto modo di guardare in faccia la Nera Signora. Ma non ho tremato, forse perché avevo qualcosa di più urgente da fare.

Mi trovavo al mare, dove trascorrevo un periodo di ferie assieme alla mia famiglia. All'ora di pranzo la spiaggia divenne deserta e i bagnanti lasciarono tutti il bel mare adiacente, placido e tiepido.

Non era ancora pronto da me e il mare era troppo invitante perché io potessi resistergli. Appassionato di nuoto, entrai in acqua e con poche bracciate mi allontanai dalla riva, dove l'acqua è profonda e non si tocca più.
Fu allora che fui improvvisamente colto da forti crampi ad ambedue i polpacci.
Dolore molto forte, impossibilità di nuotare, mare deserto, spiaggia lontana e deserta, inutile chiamare aiuto.
Mi resi conto che per me, allora poco più che trentenne, era finita. Non mi dilungai, però, in questo pensiero e forse per questo non ebbi paura.
Feci una rapida riflessione e decisi di nuotare all'indietro con le sole braccia. Riuscii cosí ad arrivare dove si toccava e a raggiungere la battigia.
Non dissi nulla a nessuno, ma non mi allontanai mai più dalla riva.
Oggi, a 84 anni, sono qui a raccontarla.

Un freddo cane

Al tempo degli studi universitari, ormai libero dai vincoli di orario e di "compiti per casa", a poco a poco, non so neppure io come, divenni un animale notturno, membro effettivo di una piccola comitiva di amici dagli stessi gusti.

Una sera d'inverno, freddosa e umida per la recente pioggia, mi ritrovai con uno di loro a passeggiare, facendo incessantemente avanti e indietro, dall'una all'altra periferia, per la lunghissima strada che taglia in due il paese.

Arrivati ad un punto in cui si trova un piccolo cunicolo, completamente al buio per l'ora tardissima e per il freddo cane, l'amico troncò di colpo la nostra conversazione: "Scusami Ferdinando, non la posso tenere più. Quella piccola galleria, più buia dell'inferno, mi sembra il posto giusto, tanto non c'è nessuno in giro...".

Quando tornò mi sembrò più rilassato, ma anche un po' perplesso:

"Mi è successa una cosa curiosa. Hai presente che quando uno piscia contro un muro o sul selciato della strada si sente un piccolo rumore, come un fruscio? Ebbene, nonostante il silenzio assoluto di quel posto, io lo scroscio dell'urina non l'ho sentito, come se essa evaporasse prima di toccare terra...".

Non aveva ancora finito la sua enfatica descrizione dell'accaduto, quando dalla nera galleria uscí un grosso cane lupo, che prese a fare quell'energico movimento rotatorio del corpo, tipico degli animali che vogliono liberarsi di un fastidioso liquido.

Era accaduto che la povera bestia infreddolita si era venuta a trovare sotto (e a pochissima distanza!) dalla fon-

te da cui scaturiva il tiepido liquido, che gli aveva procurato un tepore assai gradito in quella notte gelata!

"Altro che mistero, gli dissi. Puoi ritenerti fortunato. Se
avesse avuto fame, oltre che freddo, avresti potuto
perdere tutto il tuo... capitale!".

Chissà perché

Mi trovavo, assieme ad un amico, in una strada pochissimo frequentata della bella città mitteleuropea, quasi all'inizio della sera.

Improvvisamente sbuca, da chissà dove, un tipo di quelli che chiamiamo "poco raccomandabili", ci sbarra a strada e, con una voce rauca puzzante d'alcool, comincia a sproloquiare:

- Dove state andando? Da dove venite? Dove l'hai comprato questa giacca?

Cosí dicendo, mi mette le mani addosso, con l'evidente intenzione di frugare dentro la giacca...

Penso: "Ci siamo, la cosa si fa seria".

Il suo non forbito linguaggio contiene molte parole italiane; perciò gli chiedo:

- Ma di dove sei?

- Io sono napoletano. E tu di dove sei?

- Io? Io sono siciliano...

Mi guarda perplesso, come soppesandomi. Improvvisamente ci gira le spalle e si allontana a passo sostenuto, in breve scomparendo fra le prime ombre della sera...

Chissà perché.

Mi ero seduto sulla panchina, all'ombra carezzevole della pensilina, unico data l'ora di pranzo, per aspettare il tram che mi avrebbe riportato a casa.

Poco dopo si siede accanto a me una ragazza, carina, 20-23 anni, anch'essa in evidente attesa del suo tram.

Subito dopo arriva un giovane alto circa 190 cm, robusto, un bel ragazzo, dopotutto. Ma la barba lunga e il vestito non proprio pulito raccontano un'altra storia.

Si avvicina alla ragazza e le porge un foglio: si capisce che chiede qualche spiegazione. La ragazza spiega, ma lui non se ne va. Anzi vuole la borsetta che quella porta a tracolla e cerca di tirargliela via. La ragazza resiste e comincia a gridare...

Che avreste fatto voi? Siamo in tre: uno straniero ottantenne, un energumeno che poteva ammazzarlo con un solo pugno, una ragazza terrorizzata e nessuno in giro!

Il primo istinto è quello di filarmela, svanire nel nulla e salvare l'amata vecchia pellaccia. Ma il disonore mi avrebbe per sempre impedito di dormire.

Decido dunque di bleffare e di giocarmi il tutto per tutto gridandogli, con sguardo truce e voce determinata, in perfetto idioma siculo: - Che fai, disgraziato? Vattene subito da qui...Io sono siciliano!

A sentire quell'ultima parola - *sicilianu* - mi squadra dalla testa ai piedi, s'asciuga con la mano i capelli rossicci, gira i tacchi e se ne va, a passo di trotto.

La ragazza mi ringrazia con un abbraccio, sale sul suo tram e scompare anch'essa nel nulla. Non li ho mai più rivisti, né l'uno né l'altra.

C'ero andato qualche giorno prima, nel mercato centrale della bella città, in cui – tutto il mondo è paese – non mancano i soliti mercanti cinesi, che vendono tutto a tutti. Avevo comprato, per 12 euro, un buon paio di jeans, l'unico trovato delle mie misure.

Ma poi mi ero chiesto: "I pantaloni mi stanno bene, la qualità è buona e il prezzo pure. Ma che ci faccio con un paio solo? E se si sporca? Ci vuole un ricambio, necessariamente.

Ritorno al mercato, questa volta col mio amico che parla la lingua del luogo, e vado direttamente dallo stesso mercante di prima. Trovo un altro paio di jeans uguale al primo, ma trovo pure una sorpresa da parte del cinese:

- Costa 15 euro.

- Ma come 15 euro? Ma se ne ho comprato un paio qualche giorno fa, proprio qui, per 12 euro!

Interviene il mio amico, stanco di tradurre, e inizia una dura contrattazione.

- Il mio amico straniero mi ha detto di aver pagato 12 euro, qualche giorno fa!

- 15 euro, sono prezzi fissi.

- Macché fissi, le faccia uno sconto.

- Impossibile. 15 euro.

Faccio finta di posarli e rinunciare all'acquisto, ma il cinese rimane impassibile e inflessibile: 15 euro!

Alla fine cedo: sono gli unici in tutto il mercato ed io sono già stanco.

Vado a provarli, non si sa mai. Dico al mio amico: "Tieni 15 euro; intanto che io mi rivesto, per favore paga e andiamocene subito, perché c'è troppo caldo e qui non ci resisto più".

L'amico va alla cassa e il cinese gli chiede:

- Ma il suo amico straniero di dov'è?

- Lui è siciliano...

- Mi dia 12 euro.

Il destino

Esiste il destino? Nel senso che tutta la nostra vita, dal momento della nascita a quello della morte, è già scritta come in un libro, senza che niente e nessuno possa modificarne il corso, men che meno la nostra personale volontà? Direi proprio di no! Un simile assurdo determinismo toglierebbe ogni spazio al cosiddetto "libero arbitrio", cioè alla possibilità e, a volte, alla necessità, che l'uomo ha di operare una scelta, qualunque ne siano la portata o il prezzo.

Dobbiamo dunque credere nel suo opposto? Che ogni cosa sia frutto di un volontarismo estremo, secondo cui tutto dipende dalle nostre scelte, in modo tale da poter affermare che "ognuno si sceglie il suo destino"? Non mi pare proprio, visto che esistono fatti naturali (terremoti, eruzioni, esondazioni, pandemie) o umani (guerre, rivoluzioni, colpi di stato) che non dipendono neanche minimamente dalla singola volontà di un uomo, sia pure potente o geniale, ma che però possono avere effetti devastanti nelle vite dei singoli.

Tuttavia, in seguito ad un'attenta osservazione della storia, mi sento di affermare che i grandi eventi sono in gran parte prevedibili, se si riesce ad individuarne il meccanismo che li muove.

Tutto procede dall'istinto, innato nell'uomo, e in tutti gli altri animali, a preservare la propria vita e il proprio benessere e a rivoltarsi contro i gruppi, nazionali o esteri che siano, che, impadronendosi delle fonti della ricchezza, vogliono costruire egoisticamente il proprio benessere, anche se ciò dovesse comportare la sofferenza altrui.

Si prenda il caso di quei popoli che si moltiplicano rapidamente senza avere i mezzi per sostenersi: non è difficile prevedere che, prima o poi, essi finiranno per invadere il territorio altrui, dando vita alle migrazioni di massa, che molto spesso sono cruente e si concludono con autentici massacri.

Credo dunque, senza pretendere di avere la verità in tasca, che i grandi eventi di massa della storia sono causati dall'istinto primordiale alla sopravvivenza. Ma che all'interno di queste grandi linee della storia umana, uno spazio è riservato anche alla volontà umana e alla sua capacità di scegliere.

È dunque assolutamente vero che la storia è il racconto di quanto accaduto e non di quanto poteva accadere "se".

Il grande studioso di diritto romano ed eminente dirigente socialista, Francesco De Martino dichiarò in un'intervista al *Corriere della Sera* (7-5-2001): *Quello che più mi addolora della vecchiaia è che non potrò mai sapere come andrà a finire.*

Ma, se per un momento, volessimo accantonare l'esatto principio che "la storia non si fa con i se e con i ma", potremmo constatare che la storia non è fatta solo da "fatali" eventi non controllati dalla volontà umana e da altri affidati esclusivamente ad essa, ma anche da un terzo "gruppo", che possiamo definire "il caso".

Ritengo inutile elencare avvenimenti storici in cui il caso ha avuto o avrebbe potuto avere un ruolo rilevante o anche determinante: ognuno ne può trovare quanti ne vuole nella storia generale o nella sua storia personale.

Mi limiterò perciò a ricordarne uno accaduto a me, che mi sembra assai calzante con queste riflessioni.

Da giovane, maggiorenne, celibe e universitario, avevo avuto una violenta lite in famiglia. Con la furia che contraddistingue i mansueti, quale io mi ritengo di essere, decisi di fuggire a Rimini, dove un caro e autorevole amico mi avrebbe sicuramente trovato un lavoro come cameriere in uno dei tanti ristoranti di cui è costellata la bella città romagnola. Presi qualche indumento e i quattro soldi che avevo da parte e, quasi di corsa, mi avviai alla centrale degli autobus.

Avrei poi preso il primo treno per il continente, con la lucida e ferma consapevolezza di non tornare mai più nella mia città d'origine.

Ma lungo il brevissimo tragitto che separava la mia casa dalla centrale degli autobus, passò, "per caso", in macchina, il mio carissimo amico C.V. Egli probabilmente intuí il mio stato di agitazione e, fingendo di dovermi dire qualcosa di urgente, ma di non potersi fermare in mezzo al traffico, mi invitò a salire sulla sua auto.

Appena salito, pigiò il piede sull'acceleratore e praticamente mi "rapi". Mi costrinse quindi a raccontargli ogni cosa, mi portò a pranzare a casa sua, e solo quando la mia collera fu sbollita mi lasciò andare, ben sapendo che certi passi estremi si possono fare solo quando la tensione è al massimo.

Se egli fosse passato un secondo prima o un secondo dopo, oggi a raccontare questa vicenda non ci sarebbe un vecchio professore in pensione, ma probabilmente un banconista o un cuoco.

A decidere fu solo il caso. Dobbiamo perciò concordare con l'opinione del filosofo francese Voltaire, che scrisse: *Ciò che chiamiamo caso non è e non può essere altro che la causa ignorata di un effetto noto.*

L'ora di religione

Chi mi conosce come laico convinto, seppure non esagitato, probabilmente rimarrà un po' sorpreso per il mio ottimo rapporto con la Religione come materia scolastica.

In tutta la mia carriera scolastica ho sempre avuto il massimo dei voti, o meglio dei "giudizi", come allora si chiamavano, cioè "Moltissimo", e sono sempre stato fra i primi della classe in quella materia: non dico per bravura, perché sarei solo un piccolo vanaglorioso; ma piuttosto per l'interessamento concreto che dimostravo per essa.

La maggior parte dei miei compagni, invece, profittando del fatto che in quella materia "non si poteva essere bocciati", si dava a tutt'altre imprese: i più giudiziosi ripassavano la materia dell'ora seguente o copiavano da altri i compiti scritti non fatti; altri parlavano tra loro o semplicemente si riposavano, magari giocando alla "battaglia navale", e via dicendo.

Io, invece, da sempre interessato alla materia, seguivo le spiegazioni e spesso ponevo al professore (allora sempre un sacerdote) opportune domande, che gli consentivano di approfondire un argomento o un aspetto di esso. Da ciò l'apprezzamento per me, poi espresso nel "giudizio".

C'era stato un periodo, fra l'occupazione anglo-americana e gli anni '50, in cui la Democrazia Cristiana veniva considerata espressione politica diretta della Chiesa nello scenario politico, per cui nella testa di taluni si creava una gran confusione fra le due organizzazioni, quella politica e quella religiosa; analogamente a quanto avveniva nel versante opposto fra partito e sindacato, fra PCI e CGIL.

Simpatizzante di sinistra, dal 1955 specificamente socialista, un giorno decisi, pur col massimo rispetto formale, di mettere in imbarazzo il preparatissimo professore di religione:

"Professore, se durante la confessione un fedele le chiedesse di dirgli con chi deve votare, lei cosa gli risponderebbe?".

Questa l'arguta risposta dell'intelligente prelato, capace di dire tutto, senza dire nulla e senza neppure menzionare il partito da lui preferito:

"Gli direi che sarebbero voti sprecati quello per i monarchici e quello per i repubblicani: la monarchia non esiste più e non ha alcuna possibilità di tornare; la repubblica ormai c'è e dunque a cosa può servire un partito repubblicano?

I comunisti sono scomunicati per la loro dottrina marxista, ed i socialisti pure, in quanto anch'essi marxisti. E dunque...

Fra i liberali c'è una forte presenza di massoni e poiché la massoneria è anch'essa scomunicata...

Né potrei consigliare il MSI, che ha le sue radici ideali nel regime che ha rovinato l'Italia.

Dunque non potrei suggerirgli altro, se non di votare per i partiti fuori da questo elenco".

La cosa ebbe un divertente codicillo.

Mentre il professore dimostrava la sua profonda conoscenza del quadro politico italiano, una mia compagna di classe, bigotta e birichina, sorrideva sotto i baffi nell'immaginare il suo collega socialista, cioè il sottoscritto, agitarsi fra le fiamme dell'inferno degli scomunicati.

Ragazzino più di lei, volli prendermi, con una certa dose di divertente sadismo, la mia piccola vendetta:

"Professore, ha dimenticato un partito..."

"Quale?"

"Il Partito Socialista Democratico Italiano".

"Sí, Leonzio, hai ragione. Dunque...il suo leader Giuseppe Saragat era seguace della scuola dell'austro-marxismo... Dunque scomunicato anche il PSDI".

La ragazza, figlia di un noto esponente socialdemocratico locale, stupita e sconcertata, non poté fare a meno di immaginare il suo papà, destinato a condividere nell'Aldilà il mio stesso "scottante" destino e passò dall'impietoso sorriso al sommesso pianto...

Da professore le cose non cambiarono. Divenni amico di tutti i colleghi di religione, sacerdoti o laici, al punto che essi furono tutti miei compagni di banco nelle riunioni di Consiglio di classe e di Collegio dei docenti.
Avevo da tempo capito che fra tutte le discipline, religione compresa, c'è una stretta connessione e che la cultura è un tutto unitario che non può essere tagliato a fette, ma che si muove compattamente nello scorrere del tempo.
Non disdegnavo affatto di fare i cosiddetti "collegamenti" fra le mie discipline e le altrui. Ad esempio quando, nel corso di Scienza delle finanze mi trovavo a parlare di tasse e imposte e della loro stretta connessione con la realtà politica e sociale, di cui erano un'espressione economica, chiedevo al collega di religione di parlare ai nostri comuni studenti del bel racconto evangelico, in cui Gesù mette sull'attenti i perfidi farisei, smaniosi di metterlo in difficoltà, con la nota sentenza "Date a Cesare quel che è di Cesare e a Dio quel che è di Dio".

Oppure quando, in tema di diritto del lavoro, spiegavo ai ragazzi il diritto dei lavoratori al riposo e chiedevo all'insegnante di religione di soffermarsi su un altro celebre episodio di provocazione farisea, cosí mirabilmente concluso da Gesù: "Il sabato è stato fatto per l'uomo e non l'uomo per il sabato".

Da pensionato ho continuato a interessarmi di religione, di tutte le religioni, ad esempio scrivendo un libro, che considero il mio migliore, sui protestanti di Lentini ed una serie di articoli, sullo stesso tema, per la bella rivista *Leontínoi oggi* e leggendo, ben tre volte, la Bibbia.

La religione, sia come storia delle religioni, sia come dottrina, sia come pratica, coinvolge miliardi di persone ed ha perciò, oltre a quella spirituale, una rilevante importanza culturale: studiandola si possono apprendere o capire molte cose. Ve ne racconto solo una, appresa dai fumetti, perché poco conosciuta.

N.173·£. 20
24 OTTOBRE 1951

PAPERINO E GLI SCOTENNATORI

di WALT DISNEY

GLI ALBI TASCABILI DI TOPOLINO
Pubblicazione settimanale

Gli antichi pellerossa, non ancora civilizzati dai winchester dei bianchi anglosassoni, spesso avevano la curiosa
abitudine di scotennare gli avversari uccisi in battaglia.

Secondo la loro religione, infatti, il Gran Dio Mànito af-
ferrava per la chioma i guerrieri valorosamente caduti in
battaglia e li trasportava nelle "verdi praterie di caccia",
cioè nell'eterna felicità.

I vincitori, volendo ulteriormente infierire sugli odiati
nemici, li scalpavano, per impedire a Mànito di afferrar-
li, condannandoli cosí ad errare per l'eternità nel nulla.

La colpa è sempre degli altri

È assai diffusa la "bella" abitudine di dare sempre la colpa agli altri per quanto di negativo accade attorno a noi, riservandoci comunque il merito per ciò che di positivo potrà verificarsi.

Ad esempio, se il presente libro avrà buona accoglienza dal pubblico, io dirò che il merito è mio, poiché il libro l'ho scritto io.

Se invece quell'accoglienza dovesse essere troppo fredda o addirittura ostile, io non dirò che la colpa è mia, in quanto potevo ben tenere per me le stronzate che ho scritto.

Dirò invece che la colpa è dell'editore, che ha sbagliato impaginazione, che ha messo un prezzo troppo alto, che non l'ha pubblicizzato abbastanza....

Perché ciò avviene? Perché è comodo, perché ci permette di criticare, perché ci esonera da ogni responsabilità...

Se il ragazzo va male a scuola o è indisciplinato, la colpa non è mai dei genitori che lo trascurano o che sono troppo permissivi, ma sempre dell'insegnante che non ci sa fare.

Su questo tema credo che ciascuno di noi ha molti aneddoti da raccontare. Anch'io ne ho uno che mi è rimasto impresso.

Quel giorno ero un po' in ritardo con il ritmo ordinario e i tempi per ripulirmi, vestirmi, fare la strada erano strettissimi. Se volevo arrivare puntualmente a scuola dovevo sbrigarmi e non perdere neanche un secondo!
Quando aprii il rubinetto per lavarmi la faccia, da esso uscí solo una specie di gorgoglio da risucchio, mentre da un'altra stanza una voce mi avvertiva: "Improvvisamente hanno tolto l'acqua e nessuno sa quando la rimetteranno. Pare stiano facendo dei lavori..."
Istintivamente reagii con un'invettiva: "Ma guarda un po' questi cornuti (sic!). Ma non potevano avvertire prima, in modo che la gente si potesse rifornire?"
I destinatari dell'infamante epiteto siciliano erano, nelle mie intenzioni, gli amministratori comunali, per la precisione quelli che sovrintendevano al servizio idrico. In concreto l'assessore ai Lavori Pubblici.
Passarono alcuni secondi prima che mi ricordassi che, purtroppo, in quel momento, l'assessore ai Lavori Pubblici ero proprio io!

Facìti beni

Cosí come l'ho riportato nel titolo, questo "pensiero" è monco e ingannevole.

La sua versione completa è *faciti beni, ca malu vi veni* (fate del bene e ne riceverete solo del male). Dunque la sua intrinseca filosofia consiste nel consigliare di non fare nulla, cioè di farsi i cavoli propri: un vero inno all'egoismo e un calcio ad ogni forma di solidarietà.

A completare il concetto interviene l'avvertimento di un altro proverbio, anch'esso siciliano: *cu di sceccu fa mulu, u primu cauci è so* (chi aiuta un asino a diventare mulo, deve aspettarsi il primo calcio della nuova bestia), cioè chi aiuta un altro a risalire la scala sociale, non ne ricaverà gratitudine, ma amare delusioni.

Le due espressioni sembrano trovare conferma nel pensiero del filosofo inglese Thomas Hobbes che, col suo *Homo homini lupus* (l'uomo è un lupo per l'uomo), riteneva che le azioni dell'essere umano, fondamentalmente egoista, fossero guidate dall'istinto di sopravvivenza e da quello di sopraffazione.

Devo confessare che più volte nella vita mi sono trovato nella situazione prevista dall'antica "saggezza" siciliana dei due proverbi.

Ma non ho mai voluto mettere in pratica i loro satanici suggerimenti, anche se essi sono stati ampiamente confortati dall'esperienza mia e altrui.

Ho preferito, invece, ispirare le mie azioni a un'altra massima che cosí recita: *fai beni e scordatillu, fai mali e pensaci* (fai il bene e dimenticalo, fai il male e pensaci). L'ho adottata per poter dormire tranquillo. Ed anche perché quella consigliata dai due proverbi egoistici è una finta neutralità. Infatti non fare né il male né il bene, disinteressarsi delle sofferenze, delle avversità o delle disgrazie altrui, quasi sempre significa essere complici del male. Chi si gira dall'altra parte, senza dare o chiedere aiuto, mentre il naufrago affoga, dicendo a se stesso: "Non sono stato mica io a gettarlo in mare", in realtà è corresponsabile di quel delitto.

Ma soprattutto perché ho scoperto che aveva ragione Manzoni nel dire: *È una disgrazia il far del male.*

È invece fonte di grande soddisfazione morale essere a posto con la propria coscienza, per aver fatto, o cercato di fare, il bene.

Padre e madre

L'amore che i due genitori nutrono per la loro prole è profondamente diverso.

Quello della madre è essenzialmente fisico o meglio viscerale. La donna che per nove mesi ha portato dentro di sé il nascituro, che lo ha sentito crescere e muoversi, lo sente come un proprio prolungamento. E cosí sarà per lei, per tutta la vita.

La cosa è comune a tutti gli animali, anche ai coccodrilli...

Io ho sempre amato i gatti, da essi sempre ricambiato, fin da bambino, tanto che per vent'anni ne ebbi sempre una coppia.

Anche dopo il mio amore per quei felini rimase immutato.

Si aggirava spesso, sotto il balcone di casa mia, al secondo piano, una gattina randagia, macilenta e sempre affamata, alla quale non mancavo mai di gettare un po' di cibo.

Un giorno le buttai un bel pezzo di salsiccia. Lei l'afferrò saldamente coi denti ma, con mio stupore, anziché divorarlo, come altre volte, si diresse trotterellando verso il cortile di fronte e, arrivata in un angolino seminascosto, lo depose davanti ai suoi cuccioli: si era privata del cibo, pur di sostenere i suoi figli!

L'amore paterno è di altra natura, di tipo psicologico più che fisico.

Quando il padre ha passato le notti in bianco col neonato, quando lo ha pulito, nutrito, quando ha giocato con lui, quando lo ha accompagnato a scuola e aiutato a fare i compiti, è allora che nasce fra i due un affetto profondo e duraturo, pronto anche al sacrificio per l'altro.

Lo stesso vale anche quando si tratta di padre adottivo, per cui anche se i legami di sangue mancano del tutto, quelli affettivi sono fortissimi.

Ma se il padre naturale è stato lontano dal figlio e non ha fatto quelle cose per lui, allora il legame affettivo è molto tenue e può anche essere assente nell'uno o nell'altro o in ambedue.

Una danza indiavolata

Un sabato sera di un agosto di molti anni fa, alle 23 passate. Eravamo in tre quella sera: io, ormai unico testimone, un altro studente universitario, mio carissimo amico, e un grosso esponente della politica locale, che ci superava per età di una quindicina d'anni.

La piccola comitiva era essenzialmente unita da due cose: la passione politica, argomento preferito delle nostre discussioni e il far parte della ristretta cerchia dei nottambuli, per i quali la vita cominciava a mezzanotte.

Quella sera però la discussione languiva. Seduti ad un "tavolo all'aperto" di un importante bar che guardava sulla piazza, proprio accanto all'ingresso del locale, sorseggiavamo, stancamente e mezzo appisolati, le nostre bevande, mentre guardavamo sfilare le ultime famiglie che uscivano dai cinema all'aperto e si si affrettavano verso casa.

Ad interrompere di colpo quel languido torpore accadde qualcosa di veramente imprevedibile.

L'importante dirigente politico improvvisamente si alzò senza dir nulla e si diede ad improvvisare una danza indiavolata, del tipo di quelle che facevano gli stregoni di tribù selvagge nelle occasioni più importanti.

La cosa durò diversi secondi: il tempo sufficiente perché attorno a lui si formasse una piccola cerchia di curiosi.

Io e il mio giovane amico, colti alla sprovvista, rimanemmo di sasso nell'assistere all'inaudito spettacolo e pensammo entrambi la stessa cosa: "È impazzito per il caldo".

Fortunatamente non era cosí.

Era accaduto che dal tetto che copriva il noto bar era precipitata giù una piccola *zazzamita* (geco) ed era andata a finire, attraverso il colletto aperto, tra la camicia e la schiena di quel poveretto.

Le bestiolina, vedendosi improvvisamente in un ambiente non suo, si agitava impazzita dalla paura, percorrendo in lungo e in largo la schiena dell'uomo.

Il quale, a sua volta, sentendosi cosí stuzzicato dall'ignoto ospite, si agitava come un folle per liberarsi dell'indesiderato inquilino...

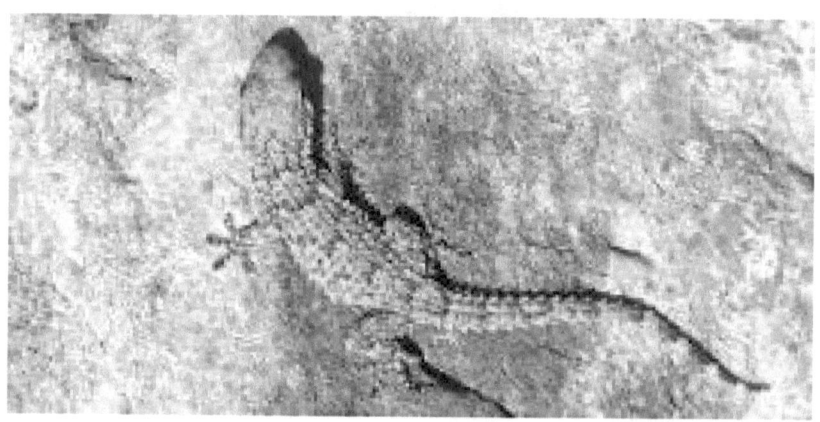

La coperta

La mia nonna materna aveva l'hobby della ruffiana, nel senso che amava combinare (o puntellare) matrimoni. Non lo faceva per interesse. Probabilmente puntava alla riconoscenza dei "beneficati" e gradiva anche una partecipazione al pranzo di nozze o almeno un "tabaré" di dolci.

Io ho assistito a molti di questi "lavori", sia nella fase preparatoria che in quella conclusiva.

Un giorno venne a trovarla una sua cara amica, sua ex compagna di scuola: "Peppina, mi devi fare un grandissimo favore. Come tu sai, io sono vedova e con un'unica figlia (madre e figlia meno di m 1,40). Questa ragazza, ormai quasi quarantenne, mi è rimasta in casa, senza arte né parte. Quando io non ci sarò più che ne sarà di lei? Sono molto preoccupata. Per carità di Dio, ti prego, vedi se la puoi sistemare...".

La nonna rispose che si sarebbe impegnata al massimo, trattandosi di una cara amica.

E in effetti riuscí nell'impresa. Mandò a chiamare l'amica, le illustrò il brillante risultato della sua missione e le diede anche una foto del futuro marito.

"Peppina, il Signore te ne renda merito! Tu non sai che grande favore mi hai fatto! Te ne sarò grata per tutta la vita. Tornerò per il passaggio alla fase "operativa"...

Dopo alcuni giorni l'amica infatti ritornò, ma con tutt'altro atteggiamento: era mortificata e confusa: "Peppina, mi devi perdonare. Mai avrei potuto prevedere una cosa simile... Ma che ci posso fare? Mia figlia è già adulta... Insomma, quell'uomo non le piace per marito e non lo vuole sposare.

A sentire queste parole mia nonna, che già gongolava per l'ennesima battaglia vinta, ne rimase fortemente contrariata e non si controllò più:

"Ma che c.... vuole tua figlia? Ma non si rende contro che quando il marito per la prima volta alzerà la coperta del letto per guardare la sposina, esclamerà: "Ma come, è già finita? E il resto dov'è?"

Ogni lassata è pirduta

Nel ricordare il lapidario motto "ogni lassata è pirduta" (ogni lasciata è persa) il pensiero corre ai celebri versi del Magnifico Lorenzo, contenuti nella *Canzona di Bacco*, un canto "carnascialesco", composto in occasione di un carnevale di Firenze:

Quant'è bella giovinezza,
che si fugge tuttavia!
 Chi vuol esser lieto, sia:
di doman non c'è certezza.

Le due "sentenze" si integrano e si completano fra loro, con la sola differenza che i versi di Lorenzo sembrano considerare la sola giovinezza, mentre il detto siciliano assume una valenza assai più generale, riferendosi all'intera vita.

Sostanzialmente essi dicono la stessa cosa: - Afferra le occasioni di ogni genere senza esitare, perché esse potrebbero non presentarsi mai più e in seguito non ti resterebbe altro che il rimpianto, come dice anche il poeta

Leopardi nel suo "Il passero solitario": *Ahi! Pentirommi, e spesso, ma sconsolato volgerommi indietro.*

Le due espressioni di "saggezza", quella sicula e quella fiorentina, hanno un ascendente di prestigio nel grande poeta latino Quinto Orazio Flacco, la cui filosofia di vita è condensata nel suo celebre *carpe diem* (cogli l'attimo): sostanzialmente un invito a godersi la vita, perché il tempo fugge e quindi bisogna assaporarne ogni istante, senza riporre le proprie speranze nell'imprevedibile domani.

Sulla caducità del tempo, sia pure per altri motivi, sembra concordare, nel suo *Canzoniere* anche il grandissimo Francesco Petrarca:

La vita fugge, et non s'arresta una hora,/ et la morte vien dietro a gran giornate, /et le cose presenti e le passate/ mi danno guerra et le future anchora.

Il *carpe diem* oraziano è a sua volta influenzato dal pensiero del greco Epicuro, secondo cui la vera felicità non è altro che l'assenza di dolore, fisico o psichico, che si ottiene mediante la soddisfazione dei bisogni naturali. Per quanto riguarda la paura della morte, il filosofo se ne esce con un sofisma da par suo: non bisogna avere paura della morte perché quando noi ci siamo, la morte non c'è, e quando c'è la morte non ci siamo più noi.

L'impostazione del detto siciliano sembra dunque avere radici lontane e prestigiose e piuttosto salde e accattivanti, ma lascia un dubbio tormentoso: fino a che punto è moralmente lecito spingersi per non lasciarsi sfuggire alcuna occasione, per godersi la vita? Molto spesso quello che fa godere noi fa soffrire altri.

Per cui, chi non vuole o non può mettersi sotto i piedi la propria coscienza, spesso si trova a dover scegliere tra la propria soddisfazione ottenuta però senza badare agli altri, violentando così la propria moralità, e quindi col rischio di vivere per sempre nel rimorso; e il rinunciare alla propria occasione per non travolgere gli altri, rimanendo così con l'amaro in bocca, forse per tutta la vita.

La fine del siciliano

Il dialetto siciliano è destinato a scomparire, per lasciare il posto interamente alla lingua italiana?

Prima di rispondere a questa domanda bisogna precisare che il siciliano da molti, e a ragione, non è considerato un dialetto, ma una lingua vera e propria. Insomma esso non è una variante dell'italiano, con cui però condivide la derivazione dal latino *volgare* (parlato dal *volgo*).

I due idiomi seguirono percorsi diversi: l'italiano andò assestandosi attorno al dialetto toscano parlato dalle persone colte, come voleva Manzoni, grazie al fatto di avere espresso grandissimi autori come Dante Alighieri e Francesco Petrarca nella poesia e Giovanni Boccaccio nella prosa. Questa prestigiosa ascendenza e le vicende politiche lo faranno diventare lingua letteraria nazionale e lingua ufficiale dello Stato italiano.

Il volgare siciliano, anch'esso nato sulle ceneri del latino, nel corso della sua storia ha cooptato numerosi vocaboli, lasciati in eredità dalle varie dominazioni straniere.

Nel siciliano, infatti si possono riscontrare numerosi vocaboli derivanti:

dal greco-bizantino (*babbiari, bummula, carusu, cirasa, cuddura, cufinu, pistiari, piricocu*);

dall'arabo (*camula, carrubba, gebbia, maidda, mischinu*);

dallo spagnolo (*lastima, pignata, cascia, cucchiara, zita*);

dal francese (*muarra, baciù, accattari, addumari, buatta, pumu, quasetta, racina, tabaré*);

dal tedesco (*vastedda, vanniari*);

dall'inglese-statunitense (*camiu, ferrubottu*).

La diffusione delle lingue – è notorio – è fortemente influenzata dalle vicende politiche: il latino era diffuso in tutta Europa e oltre, grazie all'espansione dell'impero romano; esso addirittura gli sopravvisse, essendo stato adottato come lingua della Chiesa; il russo era studiato e spesso anche parlato in tutta l'Europa orientale, ai tempi dell'Unione Sovietica; l'Impero britannico prima e la potenza economica e militare degli USA poi hanno fatto dell'inglese quasi una lingua universale.

La lingua italiana divenne lingua dello Stato con l'unificazione della penisola.

Quando Massimo D'Azeglio disse: *L'Italia è fatta. Ora bisogna fare gli italiani*, si riferiva alla pressante necessità di amalgamare le diverse culture, di dare una coscienza nazionale alle varie popolazioni dello stivale, spesso legate a tradizioni regionalistiche o addirittura campanilistiche, profondamente diverse fra loro.

Un problema di particolare rilevanza, per raggiungere questo fine era quello linguistico, che occorreva unificare quanto prima: un siciliano non capiva nulla della parlata veneta, e viceversa. Per unificare anche spiritualmente la nazione occorreva poter comunicare per mezzo di una lingua da tutti capita: l'italiano, appunto.

Per i siciliani il problema era però di non agevole soluzione, a causa dell'altissima percentuale di analfabeti: 88,6 % nel 1861, anno della proclamazione del Regno d'Italia, 85,3 % nel 1871, 70,9 % nel 1901, 58 % nel 1911, 49 % nel 1921: in continuo calo dunque, ma sempre con percentuali altissime.

Questa situazione ebbe per molto tempo conseguenze assai rilevanti nel campo dell'istruzione.

I bambini provenienti dai ceti agiati (nobiltà feudataria e grossa borghesia rampante) erano già bilingue e conoscevano bene sia l'italiano (lingua in cui si tenevano le lezioni) che il siciliano (lingua parlata dalla stragrande maggioranza della popolazione), e perciò non trovavano difficoltà linguistiche né nell'apprendimento né nella comunicazione.

Ma i bambini provenienti dai ceti popolari, che per comunicare usavano esclusivamente il siciliano, dovevano fare un doppio sforzo: prima capire (tradurre) le parole usate dall'insegnante e poi studiare l'argomento di cui egli parlava.

Ciò spiega la lentezza della marcia dei proletari siciliani verso l'unificazione linguistica e culturale

I ceti conservatori, inoltre, conoscevano bene il potere rivoluzionario della cultura, in quanto essa favoriva nel proletariato la presa di coscienza sociale, la quale poteva mettere in pericolo i loro consistenti privilegi e perciò tentavano di ostacolarne la diffusione. Ad esempio, nel gennaio 1893, i grossi proprietari, spaventati dalla diffusione e organizzazione dei Fasci Siciliani, riunitisi a Caltagirone, chiesero al governo "l'abolizione dell'istruzione elementare, perché i contadini e i minatori non potessero, leggendo, assorbire le idee nuove"!

In tali condizioni risultava assai difficile estirpare l'analfabetismo ed anche l'idioma siciliano, con la conseguenza di rallentare l'unificazione culturale auspicata dal D'Azeglio.

Un balzo in avanti in questa direzione si avrà parecchi anni dopo l'unificazione territoriale (1861) grazie principalmente a tre particolari impulsi:

1 – Il servizio militare obbligatorio che, mescolando giovani provenienti da regioni diverse, incentivava in loro, grazie al cameratismo e alla necessità di comunicare, fra commilitoni e con gli ufficiali, l'interesse a comprendere le altrui culture e, in qualche modo, ad usare un linguaggio comune a tutti, cioè quello ufficiale: l'italiano.

2 – La Scuola Media Unificata (1961), che ebbe come principale artefice il socialista Tristano Codignola, la quale diede un consistente impulso all'innalzamento del livello culturale nazionale e alla diffusione dell'italiano, lingua indispensabile per gli studi.

3 – La televisione, veicolo di spettacoli interamente in lingua italiana, che assestò un duro colpo a lingue e dialetti della penisola, da allora usati negli spettacoli principalmente per scene folkloristiche o comiche.

Oggi il siciliano, ostacolato nella scuola dagli insegnanti meno illuminati, legato ad una civiltà agricolo-patriarcale ormai scomparsa, resiste ancora solo nella memoria dei più vecchi, ed è dunque destinato, purtroppo, via via a scomparire.

I giovani ormai lo conoscono poco o niente e tutto li spinge a parlare la stessa lingua, un italiano che, come sempre accade, va perdendo pezzi per strada, mentre altri ne acquisisce, specialmente provenienti dal dominante inglese.

Provate a chiedere loro cos'è una *mappina* o un *ciciliu*...

Lo studente

Figlio di un professore e di una maestra elementare, si può dire che sono sempre vissuto in un mare di parole, come un pesce vive nell'acqua.

Ricordo che da piccolissimo, avendomi mia madre insegnato a leggere, mio padre mi portava il Corriere dei Piccoli, dei cui bellissimi personaggi mi sono rimasti impressi nella memoria Bonaventura, Tamarindo, Sor Pampurio, Bibí e Bibò...

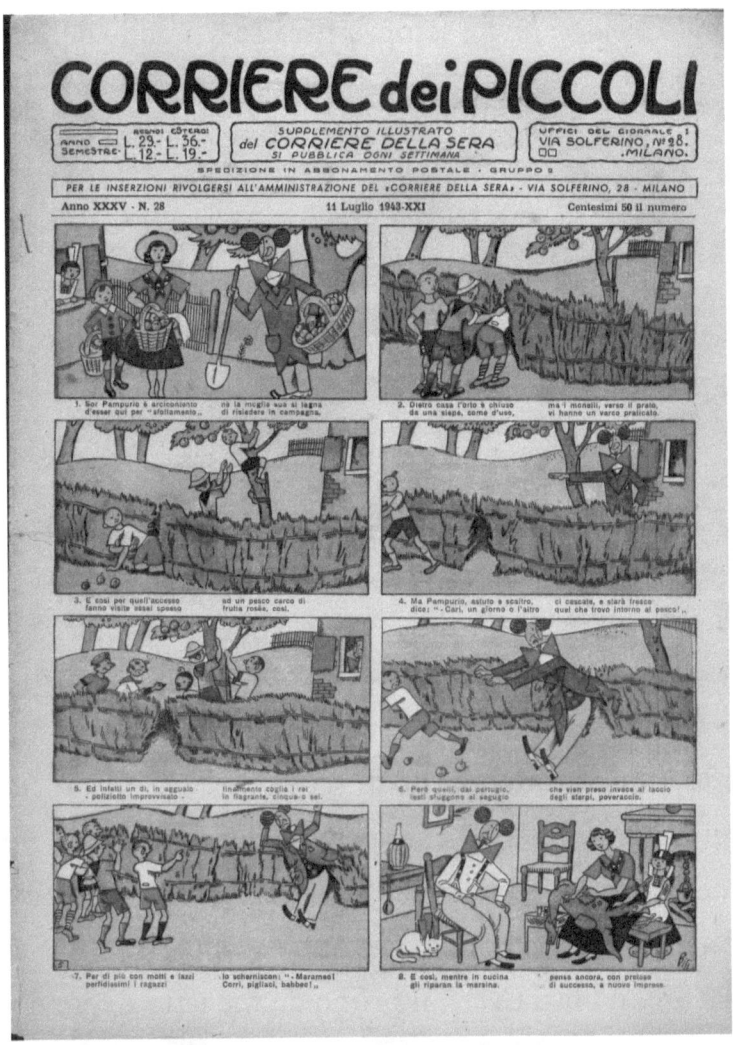

Forse fu quello il primo germe da cui sarebbe nata la mia passione per i fumetti. Ricordo che il primo albo che acquistai da solo aveva per protagonista un mago di nome *Ipnos*, forse ispirato al celebre personaggio di Lee Falk,

Mandrake il mago: mi ha sempre attratto il mondo dell'occulto e del misterioso.

Ricordo il mio primo giorno di scuola nella classe in cui insegnava una maestra che, per umanità e cultura, mi ricorderà sempre *la maestrina dalla penna rossa*, il mitico personaggio di Edmondo De Amicis apparso nel suo capolavoro, il libro *Cuore*, il primo da me letto e uno dei quattro da me letti due volte.

Gli altri tre saranno: *I Miserabili* di Victor Hugo, *Marcia su Roma e dintorni* di Emilio Lussu e la *Storia Universale* di Corrado Barbagallo.

Fu un trauma per me quando il mediocre pedagogo che dirigeva ambedue le scuole elementari della città decise di dividere gli scolari tra l'una e l'altra in base alla zona in cui abitavano.

Il provvedimento forse mirava a razionalizzare la situazione, ma sarebbe stato accettabile solo se applicato a partire dalle nuove prime classi, altrimenti avrebbe massacrato un principio fondamentale nella scuola: la continuità didattica.

Cosí capitò a me, bambino orfano di 9 anni, di cambiare, all'ultimo anno delle elementari, scuola, maestro, compagni di classe.

Comunque proprio quello fu l'anno in cui colsi il mio maggior successo scolastico, perché arrivai primo in un concorso fra tutti gli alunni delle elementari della città per un componimento scritto. Conservo ancora i relativi diploma e medaglia, i soli di cui vada veramente fiero.

Senza infamia e senza lode, comunque scorrevole e con buoni voti fu per me la Scuola Media, ma con una conclusione inaspettata, che mi insegnò come NON deve essere un insegnante.

Nel corso del 3° anno ci era stato dato un compito in classe di italiano, che consisteva nel fare un confronto tra i due eroi di punta dell'Iliade: il greco Achille e il troiano Ettore. Non ricordo più con chi mi schierai, ma il mio compito, "per forma e contenuto", secondo la classica formula degli insegnanti, fu giudicato ottimo dalla professoressa di lettere, tanto che – bontà sua - volle leggerlo a tutta la classe.

Agli esami di licenza, in cui allora, per il solo italiano, era richiesta una prova d'ammissione scritta, uscí un tema che era la copia gemella di quello da me svolto in classe nel corso dell'anno, con ottimi risultati.

Questa favorevolissima circostanza mi diede tanta sicurezza o, se vogliamo, sicumera, che scrissi di getto il compito e lo consegnai dopo un'ora delle quattro disponibili, felice di andarmene a giocare, mentre i miei colleghi sarebbero rimasti altre tre ore a faticare.

Immaginate la mia sorpresa e la mia disperazione quando, qualche giorno dopo, un incaricato del preside, nel cortile della scuola, lesse a una cinquantina di piccoli studenti ansiosi, i risultati dell'esame: io ero tra i soli tre "non ammessi".

Mia madre, furiosa, corse a parlare col preside, ex collega di mio padre, morto cinque anni prima. Non ottenne nulla, ma il mistero fu svelato: nel compito, per il resto correttissimo, non c'era alcun segno di punteggiatura: né un punto né una virgola. Nulla! Di conseguenza la Commissione, applicando un criterio matematico-ragionieristico aveva tolto al massimo dei voti possibile – dieci – un punto per ogni virgola mancante e così, probabilmente ero finito sottozero!

Dato l'ottimo rendimento dell'alunno in tutta la sua carriera scolastica, considerato il buon contenuto e la correttezza grammaticale e sintattica del testo in questione, avrebbe potuto scegliere delle soluzioni alternative, come, ad esempio, considerare come unico errore la mancanza di punteggiatura, oppure ricorrere a un giudizio bilanciato di cui i professori si servono spesso ("ottimo il testo; ma nell'insieme non sufficiente a causa...") per mettere un pietoso cinque e rimandare il giudizio finale a un rigoroso esame orale.
Durante l'estate non andai a lezioni private di italiano, né studiai per conto mio. Agli esami di riparazione, nell'ottobre successivo, fui promosso a pieni voti e lasciai le Medie con questo brutto ricordo.

Gli anni del ginnasio-liceo comportarono per me parecchi cambiamenti, di cui mi limiterò a citare quelli di interesse più generale.
Quasi subito, senza che me ne accorgessi, fui "costretto" a lasciare due delle mie passioni più importanti, che riprenderò solo durante gli studi universitari.

Smisi dunque di collezionare i fumetti, uno strumento di evasione, ma anche culturale, di grande importanza, almeno per me, e di andare in bicicletta, veicolo che mi portava ovunque volessi, dandomi il senso bellissimo della libertà.

Il motivo di queste rinunce è fra i più banali: i compiti di cui la scuola ci sovraccaricava si mangiavano l'intero tempo libero, eliminando ogni possibilità di svago e di coltivare qualche hobby. Quando si doveva, in un solo pomeriggio, leggere un intero capitolo dei Promessi Sposi, farne il riassunto scritto e impararne il contenuto, dove trovare il tempo per tradurre una versione in latino o in greco, imparare monti e fiumi di uno Stato, date e guerre della Storia, quasi mai spiegata dagli insegnanti perché ritenuta materia "secondaria" rispetto a quelle "principali", imparare un teorema di geometria, ecc.

Solo ora le cause di questa pessima gestione culturale mi sono chiare:

1 – Insegnanti non preparati a trasmettere la cultura, a interessare gli allievi. Anche se preparatissimi, difettavano nel metodo: le lingue classiche erano insegnate solo sotto il profilo grammaticale e sintattico. Si imparavano i verbi e le declinazioni, ma non si sapeva che mangiavano i romani, dove facevano i loro bisogni, qual'era la loro moneta, etc.

2 – L'assenza di coordinamento fra gli insegnanti della classe.

3 – Soprattutto la non idoneità dei programmi ministeriali, spesso lontani dalla realtà. Succedeva, ad esempio, che, agli esami di maturità, il tema di italiano chiedesse ai candidati di parlare di un romanzo contemporaneo, quando tutti sapevano che i professori di lettere al massimo arrivavano a D'Annunzio.

Una volta chiesi al professore di fisica di spiegare brevemente cos'era l'energia atomica. Mi rispose che ne avrebbe parlato alla fine del programma. Non ci arrivò mai.

La Storia finiva nel 1870 con la presa di Roma e i professori di Storia dell'Arte arrivavano appena ai grandi artisti del Rinascimento. Picasso, Modigliani? Boh!

Occorre, a mio modesto avviso, che a redigere i programmi ministeriali siano non i professori universitari e i funzionari ministeriali, ma coloro che lavorano "sul campo", a contatto con la realtà vera della scuola.

Durante quegli anni, al primo contatto con Lucrezio, divenni laico e nel 1955 mi dicevo già socialista. Due mesi dopo il diploma, nel settembre 1957, aderii al PSI, affascinato dai risultati del Congresso di Venezia, che aveva fissato i cardini del socialismo nella celebre triade "classismo, democrazia, internazionalismo".

Mi sono fatto lungo e dunque la finisco qui, non senza aver dato un ultimo consiglio ai giovani che vogliono migliorarsi.

Il mese precedente gli esami di maturità lo passai chiuso in casa, studiando letteralmente dalla mattina alla sera, visto che allora si doveva portare l'intero programma dell'ultimo anno di tutte le materie. Fui promosso, ma ne uscii spossato.

Pochi giorni dopo fui colpito da un'epidemia detta "asiatica", la cui caratteristica principale era quella di lasciare del tutto tramortiti fisicamente coloro che ne erano stati colpiti.

A me, dopo un mese di studio per dieci ore al giorno e dopo l'asiatica, ormai tremavano le gambe. Un periodo di riposo totale era indispensabile.

Riaprii i libri solo alcuni mesi dopo, all'apertura dell'anno accademico dell'università.

Dovetti constatare, stupito, come rimanessi per ore nella stessa pagina, senza riuscire a concentrarmi e ad andare avanti.

Amici miei, voglio ricordarvi che il cervello è un muscolo e come tale, se non viene esercitato, tende a rattrappirsi. Da allora non ho mai smesso di leggere, anche una sola pagina, ma ogni giorno.

Per questo alla mia età, nonostante il mio corpo sia in decadenza dal naso in giù, la parte che sta sopra mi consente di scrivere, di riflettere e di condividere con voi le mie riflessioni.

Il professore

Tutti dicono che quella dell'insegnante è una professione "comoda" per via delle lunghe vacanze di vario tipo. Il che è vero. Ma è anche vero che, se la si vuole esercitare con coscienza, essa richiede uno sforzo superiore al normale.

I più impegnati sono sicuramente i maestri degli asili, quelli delle elementari e i professori delle medie.

Qui mi limiterò a parlare degli insegnanti delle scuole superiori, categoria di cui ho fatto parte per molti anni, e in cui, oltre a insegnare, ho imparato molte cose, prima fra tutte che l'esperienza sul campo gioca un ruolo fondamentale.

Anzitutto occorre capire bene quali sono le finalità generali della scuola:

1 – Formare cittadini liberi e consapevoli delle loro scelte. A tale scopo non ho mai voluto dire - benché più volte richiestone – di quale partito io fossi, pur essendo un politico molto impegnato. Non bisogna avvalersi del proprio prestigio professionale, per cercare di influenzare gli alunni. Forse per questo i più affezionati a me sono rimasti, ancor oggi, quelli che avevano idee opposte alle mie.

2 .- Fornire agli alunni non tanto la cultura, ma piuttosto le chiavi per accedervi, cioè la capacità di leggere, di studiare, di apprendere, di approfondire.

In tutta coscienza posso affermare di avere appreso la maggior parte delle cose che so dopo la laurea, avendo usato quella chiave.

Occorre anche fare entrare, nella testa degli alunni che tutte le materie sono parimenti utili al sapere: altrimenti che geometri saranno se non sapranno distinguere una pagoda da una moschea?

3 – Non bisogna sottovalutare mai l'importanza dell'erudizione, spesso spregiativamente definita "nozionismo": più cose si sanno e più facile sarà la vita. Se avessi imparato da giovane ad usare il computer, oggi non sarei costretto, *spesso e volentieri*, a disturbare il mio editore, famoso informatico.

Occorre anche spiegare agli studenti che il diploma non fornisce una cultura immobile e definitiva. Se essi continueranno a studiare e ad approfondire, diventeranno donne e uomini consapevoli della vita e professionisti preparati.

Se, invece, lasceranno i libri, regrediranno a livelli culturali inferiori.

Il professore deve anche trasmettere il senso della disciplina e dell'educazione nei rapporti interpersonali. Ma questo fondamentale risultato non l'otterrà mai a colpi di *note* e di *rapporti*, bensí dimostrando, con l'esempio, di essere un professionista serio e laborioso.

Occorre perciò evitare di ricorrere a degradanti trucchi per evitare di lavorare come usano fare alcuni (pochi, per fortuna) insegnanti. Ad esempio, anziché spiegare la lezione, certuni preferiscono farla leggere in classe da un alunno sul libro di testo o dettarla da fantomatici appunti. Quelli sono modi per eliminare il dialogo con gli alunni ed evitare domande..."pericolose".

Quando il professore entra in classe deve essere preparato a rispondere a qualunque domanda dei suoi giovani alunni quasi maggiorenni, la cui fantasia è davvero scatenata! Deve rispondere sul merito, oppure dimostrando che alla tale domanda è impossibile rispondere. In questo modo si guadagnerà la stima ed anche l'affetto dei suoi studenti.

Mi dicevano a volte i bidelli: "Professore, quando lei fa lezione, non sappiamo mai se l'aula è vuota o se ci sono gli studenti!".

Eccessivo, probabilmente; ma sostanzialmente vero, perché non ho mai avuto problemi di *bordel*.

Nella mia lunga carriera professionale, tuttavia, non ho mai adottato nessun provvedimento disciplinare, salvo mandar fuori dell'aula a chiarirsi le idee, qualche galletto a cui scappava di dire *minchia*.

Ho consentito (e l'ho fatto io per primo) di usare in classe espressioni della lingua sicula. Ma solo a coloro che sapevano esprimersi bene in lingua italiana.

Ho capito ed ho imparato che, se uno studente ha un bisogno naturale e non gli si permette di soddisfarlo, egli non seguirà più quanto si fa in classe, ma penserà solo al suono della campanella di fine lezione, perché essa porrà fine alla sua "sofferenza".

Di conseguenza non ho mai negato a uno studente il permesso di andare in bagno; anzi, se si trattava di una ragazza, mandavo con lei anche la sua compagna di bagno.

Credo di essere stato l'unico, o quasi, fra gli insegnanti a consentire a qualcuno di mangiare in classe, curando però che l'aula non si trasformasse in una *tavola calda*.

In quanto al metodo da usare, è ovvio che ciascuno ha il suo, com'è garantito anche dall'art. 33 della Costituzione: *L'arte e la scienza sono libere e libero ne è l'insegnamento.*

Dico solo che sono del tutto contrario all'abitudine di alcuni di spiegare e assegnare ogni giorno, senza far mai verifiche, riservandosi di farle tutte negli ultimi giorni del quadrimestre, nell'illusione che gli studenti abbiano studiato, pur sapendo di non essere mai interrogati. Alla fine dovranno affrontare tutte in una volta almeno cento pagine. E non è facile. È come se il medico prescrivesse una pillola al giorno, ma il malato, per non perdere troppo tempo, decidesse di prenderne trenta a fine mese!

Per quanto mi riguarda non ho mai assegnato più di due pagine, e mai senza averle spiegate nel dettaglio, finché tutti avessero capito, servendomi anche di esercitazioni pratiche (esercizi col codice civile, compilazione di una dichiarazione dei redditi) e di esempi tratti dalla vita quotidiana, ad esempio sfatando la comune credenza che il contratto è sempre un documento scritto e sottoscritto, mentre sono assai più numerosi i contratti verbali, come quelli di compravendita che stipula la mamma quando fa la spesa.

Le mie interrogazioni sono state sempre volontarie, cioè secondo le richieste degli studenti, purché, sia pure a poco a poco, essi dimostrassero di conoscere tutto il programma. Alla fine dell'anno tutti avevano portato tutto il programma svolto, con risulti legati al loro impegno e alle loro capacità.

Rare, di conseguenza le bocciature, praticamente solo agli assenti cronici.

Nonostante tutte le riforme, la scuola italiana è stata danneggiata soprattutto dalla fine della selettività. Inizialmente la selezione era fatta, con poche eccezioni, su base sociale: i ricchi proseguivano gli studi fino a dove potevano, per cosí mantenere alla loro classe le leve del potere; ai poveri doveva bastare avere le nozioni di base; poi erano le stesse famiglie ad avviare i figli e le figlie al lavoro, perché contribuissero allo scarno bilancio familiare.

Quando i governi diventarono più aperti alle istanze popolari, anziché sostituire la selezione basata sulla ricchezza, con una basata sul merito, come prescrive la Costituzione (art. 34: *I capaci e meritevoli, anche se privi di mezzi, hanno diritto di raggiungere i gradi più alti degli studi*), cominciarono a intendere per scuola democratica quella in cui tutti vengono promossi. Provveditori, presidi e professori vennero considerati tanto più bravi quanto fosse alto il numero di promossi nell'ambito della loro sfera d'azione.

La percentuale nazionale di questi ultimi è ormai superiore al 90 %.

Mi capita spesso di imbattermi in professionisti di tutti i tipi che, per ogni tre parole che scrivono, fanno cinque errori, mentre ce ne sono alcuni che non conoscono le tabelline.

Omonimia

Ero arrivato con largo anticipo quel giorno a scuola, rispetto all'inizio delle mie lezioni e già pensavo di approfittarne per fare un lavoro di riordino di certe carte.

La porta della sala dei professori insolitamente era socchiusa, ma attraverso la fessura notai che c'erano nella stanza tre professoresse, che parlavano in modo concitato, almeno così mi parve dal tono delle loro voci.

"Probabilmente dei pettegolezzi – pensai – ma io entro lo stesso, non voglio sprecare il mio tempo".

Ma una loro parola mi fermò: "Leonzio"! E non potei fare a meno di origliare...

Le tre facevano a gara ad accanirsi contro di me: "Quel mascalzone di Leonzio! Delinquente e disonesto! Vigliacco!", diceva una; e l'altra incalzava: "Se l'avessi qui, davanti a me, lo prenderei a schiaffi!".

"Ogni limite ha una pazienza", diceva celiando il celebre comico Totò, ed anche la mia finí assai presto.

"Ma perché diavolo, pensai, queste tre galline spennacchiate si accaniscono contro di me? Ma che cosa avrò mai fatto di così riprovevole?".

Veramente infuriato entrai: "Si può sapere perché ce l'avete cosí tanto con me? Che cosa pensate che io abbia fatto? Io qui vengo per fare il mio onesto lavoro e basta!"

Al sentire le mie giuste proteste le tre furie, anziché mostrarsi imbarazzate per essere state scoperte, esplosero in un'incontenibile e fragorosa risata, di quelle soffocanti che per un po' rendono impossibile parlare.

"Dunque mi insultate e poi ci ridete sopra?" Ero davvero furioso.

Alla fine una di loro, con le lacrime agli occhi per il riso, riuscí a rispondere: "Non parlavamo di te, ma di Leoncio, il protagonista cattivo della *telenovela* brasiliana *La schiava Isaura*, che noi tre vediamo ogni giorno, nel primo pomeriggio".

Nuove risate, stavolta in quattro. Era la prima *telenovela*, e di grande successo, trasmessa in Italia: ben 30 puntate, assoluta novità in quel tempo.

Effettivamente la "c" di Leoncio in portoghese si pronuncia quasi "z", per cui Leoncio si pronuncia Leonzio! Ovviamente anch'io ne divenni un *fan*.

Laicità

In passato il termine *laico* è stato spesso usato in contrapposizione a *credente*, inteso come credente religioso.

Oggi il significato di laico è diventato assai più vasto e viene usato come un atteggiamento mentale che non accetta verità assolute, stabilite una volta per tutte e immodificabili.

Posizione questa non più limitata alla sola religione, ma comprensiva anche della filosofia, della politica e della scienza.

Chi ha una visione laica della vita non accetta dogmi di alcun genere. Nel medioevo, quando si sviluppava una polemica su qualche questione, chi stava per soccombere alle argomentazioni del suo contraddittore spesso, per tagliar corto e far prevalere il suo punto di vista, ricorreva all'ipse dixit (l'ha detto lui), dove l'ipse era il grande filosofo greco Aristotele, ritenuto infallibile.

Il laico oggi non accetta una cosa solo perché l'ha detta Aristotele, ma solo se ne è convinto, seguendo i dettami della sua coscienza e della sua ragione.

Egli è dunque neutrale rispetto a tutte le credenze ed è rispettoso di esse e della loro libertà. Le convinzioni che il laico, come ciascun altro, si va formando, rimangono nella sua sfera individuale, mentre auspica che lo Stato debba rimanere neutrale e tollerante verso tutti, purché non siano offesi l'ordine pubblico e il comune pudore, secondo quanto stabilito dalla legge.

Il laico esercita il suo giudizio critico in ogni campo e perciò si riserva la libertà di cambiare opinione.

Dice un vecchio motto: "Solo gli imbecilli non cambiano mai opinione".

Solamente revisionando quanto in precedenza accettato, può avanzare il progresso umano.

Altrimenti saremmo ancora fermi agli dei dell'Olimpo e ancora crederemmo che la Terra è piatta e non sferica e che essa è immobile e al centro dell'universo e che perciò avevano torto Galilei e Colombo; che l'atomo è la parte più piccola dell'esistente; che le condizioni economiche e sociali dei popoli sono immutabili.

Il sapere umano, per il laico, deve fondarsi sulla ragione e sull'esperienza, ma nella consapevolezza che le capacità intellettive dell'uomo hanno dei limiti naturali.

L'esperienza

Quando il tempo che abbiamo alle spalle supera di molto quello che abbiamo davanti, chi come me è arrivato – come calcisticamente diceva un mio caro amico – alla fine del girone di ritorno, è fatalmente portato a fare un bilancio della propria vita.

Il mio passato, costellato da troppi errori, lo ritengo nel complesso del tutto negativo, direi fallimentare. Certo a questo "brillante" risultato hanno contribuito la sfortuna e la cattiveria umana, che neanche duemila anni di cristianesimo sono riusciti a rimuovere o almeno a domare. Ma io non cerco alibi e mi dichiaro responsabile dei molti errori che ho commesso e che, con un po' di buonsenso, avrei potuto evitare.

Invece, pur avendo ottenuto quasi sempre ciò che volevo, per averlo, ho dovuto pagare prezzi altissimi. Alla fine ho salvato la mia dignità, ma ho sacrificato la mia stessa vita per salvarla.

Tali errori sono facilmente rintracciabili in alcune mie opere, ammesso (ma non concesso) che ci possa essere qualcuno disposto a leggerle:

1 - Per la mia attività politica il libro *Una storia socialista* e i miei numerosi articoli sull'argomento.

2 - Per la mia partecipazione al mondo dello sport un lungo capitolo del libro *13 storie leontine.*

3 - Per l'evoluzione della mia attività culturale l'articolo-intervista pubblicato sul giornale online *Girodivite* e intitolato *Incontro con Ferdinando Leonzio.*

4 - Per le mie convinzioni nei vari campi in cui mi sono trovato ad operare, il libro *Cento gocce di vita.*

5 - Per i miei pensieri e riflessioni più intimi il presente libro e la mia nutrita corrispondenza, in particolare quella con la mia cara Giovanna, donna generosa e saggia, che mi è stata affezionata, come la figlia che non ho avuto, e alla quale ho dedicato questo libro.

Mio nonno, che era uno sputasentenze, a volte ne sparava qualcuna carina, come ad esempio *L'Intelligenza non è obbligatoria* o *La corda è fatta per chi si vuole impiccare,* o ancora *Il peggiore dei mali è l'ignoranza.*

Quella che mi è rimasta più impressa è *L'esperienza si fa quando non serve più.*

Pensando, infatti, ai numerosi errori che ho commesso nel corso della mia lunga vita, oggi, con l'esperienza che ho ormai accumulato, credo di poter dire che, se potessi tornare indietro, quegli errori non li commetterei più.

O forse sí? Non potrò mai saperlo perché, come diceva ancora mio nonno *Esser non si può più d'una volta.*

Credo però di aver finalmente capito che tutti gli errori commessi, nei numerosi campi in cui mi sono trovato a operare (sentimentale, sportivo, politico, culturale, professionale, civile) risalgono ad un medesimo unico grande errore: mi sono lasciato guidare dal cuore piuttosto che dall'intelletto.

Forse è proprio questo che ho imparato dall'esperienza.

Conclusione

Ho a lungo riflettuto su come concludere questo libro disordinato e privo di filo logico. Ma non sono approdato a nulla.

Però una cosa l'ho capita: non trovo la conclusione, perché non ne esiste una.

Il libro è costituito, infatti, da una serie di pensieri, di racconti, di esperienze, di osservazioni, colti al volo nel momento stesso in cui essi si affacciavano alla mente, nell'intento di offrire al lettore il quadro completo di una personalità con cui potersi confrontare.

Ma essi potrebbero essere migliorati, integrati, forse contraddetti da quegli altri pensieri che il cervello liberamente continuerà a produrre fino all'ultimo istante di vita, col rischio che qualcosa di interessante o di utile possa rimanere fuori da questo libro, rendendolo cosí "incompleto"...

Nessuno è in grado di guidare gli anarchici pensieri, che si muovono in base al principio della libera e spontanea associazione di idee e, tanto meno, di fermarli. Nessuno è infatti in grado di "ordinare" al proprio cervello di non pensare a nulla!

Lo dimostra un celebre aneddoto che racconta dell'esperimento effettuato da un professore, il quale chiese ai suoi studenti di stare in silenzio per alcuni minuti, durante i quali essi dovevano imporsi di non pensare a nulla.

Scaduto il tempo, il professore interpellò molti di loro e tutti risposero che in quei minuti avevano pensato di non dover pensare a nulla: dunque a qualcosa avevano pensato!

Perciò che conclusione ci può essere per questo libro, dal momento che il suo contenuto è frutto dell'ininterrotto fluire del pensiero, che dunque continuerà anche dopo la sua pubblicazione?

Dunque questo libro, comunque la si giri, è destinato a rimanere senza conclusione, cioè... sconclusionato.

Nota di edizione

Questo libro

Emozioni vive e palpitanti, episodi di vita vissuta, esperienze reali e partecipate, malinconie e ironie, riflessioni da uomo della strada: tassello dopo tassello l'autore ricostruisce la sua personalità interiore, il suo modo di vedere il mondo, il suo essere uomo, storico e docente, per offrirsi ai suoi lettori, principalmente ai giovani, con l'evidente scopo di lasciar loro un'esperienza umana con cui confrontarsi.

Un libro, questo, che è quasi un testamento spirituale; un libro che propone vari spunti di riflessione, scritto con un linguaggio discorsivo, quasi parlato, che rende tutto più vero e umano.

Copertina del libro Cottonbro Studio & ZeroBook ed.

L'autore

Laureato in giurisprudenza, insegnante nelle Medie Superiori in pensione, storico e saggista, il prof. Ferdinando Leonzio è nato a Lentini (SR) il 2 gennaio 1939.

Esponente del PSI, è stato consigliere comunale ed assessore nella sua Città.

Tra i soci fondatori dell'Unione Sportiva Leontina, ne è stato anche il primo presidente.

Ha scritto articoli, recensioni, prefazioni, rilasciato interviste
e tenuto conferenze.
Ha pubblicato i seguenti libri:

Una storia socialista

Vicende politiche

Alchimie

Il culto e la memoria

Filadelfo Castro

Intervista ad Enzo Nicotra

Lentini vota

13 storie leontine

L'orgia delle scissioni

Segretari e leader del socialismo italiano

Breve storia della socialdemocrazia slovacca

La scommessa

Donne del socialismo

La diaspora del socialismo italiano

Cento gocce di vita

La diaspora del comunismo italiano

Sei parole sui fumetti

Otello Marilli

La diaspora democristiana

Lentini nell'Italia repubblicana

Delfo Castro, il socialdemocratico

La socialdemocrazia italiana fra scissioni e con-fluenze (1947-1998)

Momenti di socialismo

L'Italia a fumetti

Giovanna

I suoi libri sono attualmente pubblicati dalle edizioni Zero-Book.

Le edizioni ZeroBook

Le edizioni ZeroBook nascono nel 2003 a fianco delle attività di www.girodivite.it. Il claim è: "un'altra editoria è possibile". Zero-Book è una piccola casa editrice attiva soprattutto (ma non solo) nel campo dell'editoriale digitale e nella libera circolazione dei saperi e delle conoscenze.

Quanti sono interessati, possono contattarci via email: zerobook@girodivite.it

O visitare le pagine su: https://www.girodivite.it/-ZeroBook-.html

Ultimi volumi:

Dalla parte del torto / di Adriano Todaro

Come il volo irregolare di un aquilone / di Ignazio Vanadia

Mafie e dintorni : Il fenomeno delle mafie e i loro rapporti con lo Stato e la società civile / Franco Plataroti

L'Italia a fumetti / di Ferdinando Leonzio

Qualche parola (2015-2022) / di Luigi Boggio

Sonetti / di William Shakespeare ; tradotti in siciliano da Prospero Trigona

Edifici di città: Roma 2020-2021 / Pierluigi Moretti

Perduti luoghi ritrovati : Poggioreale Antica / di Roberta Giuffrida

Delitto a Nova Milanese : venticinque righe nelle "brevi" / Adriano Todaro

Abbiamo una Costituzione : Ideologie, partiti e coscienza democratica costituzionale / Gaetano Sgalambro

Emma Swan e l'eredità di Adele Filò / di Simona Urso

Otello Marilli / di Ferdinando Leonzio

Autobianchi : vita e morte di una fabbrica / di Adriano Todaro ; prefazione di Diego Novelli

Sei parole sui fumetti / di Ferdinando Leonzio

Sotto perlaceo cielo : mito e memoria nell'opera di Francesco Pennisi / di Luca Boggio

Accanto ad un bicchiere di vino : antologia della poesia da Li Po a Rino Gaetano / a cura di Piero Buscemi

Il cronoWeb / a cura di Sergio Failla

L'isola dei cani / di Piero Buscemi

Saggistica:

I Sessantotto di Sicilia / Pina La Villa, Sergio Failla (ISBN 978-88-6711-067-4)

Il Sessantotto dei giovani leoni / Sergio Failla (ISBN 978-88-6711-069-8)

Antenati: per una storia delle letterature europee: volume primo: dalle origini al Trecento / di Sandro Letta (ISBN 978-88-6711-101-5)

Antenati: per una storia delle letterature europee: volume secondo: dal Quattrocento all'Ottocento / di Sandro Letta (ISBN 978-88-6711-103-9)

Antenati: per una storia delle letterature europee: volume terzo: dal Novecento al Ventunesimo secolo / di Sandro Letta (ISBN 978-88-6711-105-3)

Il cronoWeb / a cura di Sergio Failla (ISBN 978-88-6711-097-1)

Il prima e il Mentre del Web / di Victor Kusak (ISBN 978-88-6711-098-8)

Col volto reclinato sulla sinistra / di Orazio Leotta (ISBN 978-88-6711-023-0)

Il torto del recensore / di Victor Kusak (ISBN 978-6711-051-3)

Elle come leggere / di Pina La Villa (ISBN 978-88-6711-029-2

Segnali di fumo / di Pina La Villa (ISBN 978-88-6711-035-3)

Musica rebelde / di Victor Kusak (ISBN 978-88-6711-025-4)

Il design negli anni Sessanta / di Barbara Failla

Maledetti toscani / di Sandro Letta (ISBN 978-88-6711-053-7)

Socrate al caffé / di Pina La Villa (ISBN 978-88-6711-027-8)

Le tre persone di Pier Vittorio Tondelli / di Alessandra L. Ximenes (ISBN 978-88-6711-047-6)

Del mondo come presenza / di Maria Carla Cunsolo (ISBN 978-88-6711-017-9)

Stanislavskij: il sistema della verità e della menzogna / di Barbara Failla (ISBN 978-88-6711-021-6)

Quando informazione è partecipazione? / di Lorenzo Misuraca (ISBN 978-88-6711-041-4)

L'isola che naviga: per una storia del web in Sicilia / di Sergio Failla

Lo snodo della rete / di Tano Rizza (ISBN 978-88-6711-033-9)

Comunicazioni sonore / di Tano Rizza (ISBN 978-88-6711-013-1)

Radio Alice, Bologna 1977 / di Lorenzo Misuraca (ISBN 978-88-6711-043-8)

L'intelligenza collettiva di Pierre Lévy / di Tano Rizza (ISBN 978-88-6711-031-5)

I ragazzi sono in giro / a cura di Sergio Failla (ISBN 978-88-6711-011-7)

Proverbi siciliani / a cura di Fabio Pulvirenti (ISBN 978-88-6711-015-5)

Parole rubate / redazione Girodivite-ZeroBook (ISBN 978-88-6711-109-1)

Accanto ad un bicchiere di vino : antologia della poesia da Li Po a Rino Gaetano / a cura di Piero Buscemi (ISBN 978-88-6711-107-7, 978-88-6711-108-4)

Neuroni in fuga / Adriano Todaro (ISBN 978-88-6711-111-4)

Celluloide : storie personaggi recensioni e curiosità cinematografiche / a cura di Piero Buscemi (ISBN 978-88-6711-123-7)

Sotto perlaceo cielo : mito e memoria nell'opera di Francesco Pennisi / di Luca Boggio (ISBN 978-88-6711-129-9)

Per una bibliografia sul Settantasette / Marta F. Di Stefano (ISBN 978-88-6711-131-2)

Iolanda Crimi : un libro, una storia, la Storia / di Pina La Villa (ISBN 978-88-6711-135-0)

Autobianchi : vita e morte di una fabbrica / di Adriano Todaro

prefazione di Diego Novelli (ISBN 978-88-6711-141-1)

Dizionario politico-sociale di Nova Milanese : Passato e presente / Adriano Todaro (ISBN 978-88-6711-151-0)

Abbiamo una Costituzione : Ideologie, partiti e coscienza

democratica costituzionale / Gaetano Sgalambro (ebook ISBN 978-88-6711-163-3, book ISBN 978-88-6711-164-0)

La peste di Palermo del 1575 / di Giovanni Filippo Ingrassia (ebook ISBN 978-88-6711-173-2)

Permesso di soggiorno obbligato / redazione Girodivite (ebook ISBN 978-88-6711-181-7, book ISBN 978-88-6711-182-4)

Qualche parola (2015-2022) / di Luigi Boggio (ebook ISBN 978-88-6711-215-9, book ISBN 978-88-6711-216-6)

Di dritto e di rovescio : L'importanza del raccattapalle ed altre storie / di Piero Buscemi (ebook ISBN 978-88-6711-217-3, book ISBN 978-88-6711-218-0)

Mafie e dintorni : Il fenomeno delle mafie e i loro rapporti con lo Stato e la società civile / Franco Plataroti (ebook ISBN 978-88-6711-223-4, book ISBN 978-88-6711-224-1)

Narrativa:

L'isola dei cani / di Piero Buscemi (ISBN 978-88-6711-037-7)

L'anno delle tredici lune / di Sandro Letta (ISBN 978-88-6711-019-3)

Emma Swan e l'eredità di Adele Filò / di Simona Urso (ISBN 978-88-6711-153-4)

Delitto a Nova Milanese : venticinque righe nelle "brevi" / Adriano Todaro (ebook ISBN 978-88-6711-171-8, book ISBN 978-88-6711-172-5)

Enne / Piero Buscemi (ebook ISBN 978-88-6711-179-4, book ISBN 978-88-6711-180-0)

Orientale Sicula : Proebbido entrari ed altri racconti / di Alfio Moncada (ebook ISBN 978-88-6711-193-0, book ISBN 978-88-6711-194-7).

Querelle / di Piero Buscemi (ebook ISBN 978-88-6711-201-2, book ISBN 978-88-6711-202-9)

Uno sporco anello / di Adriano Todaro (ebook ISBN 978-88-6711-205-0, book ISBN 978-88-6711-206-7)

Come il volo irregolare di un aquilone / di Ignazio Vanadia (ebook ISBN 978-88-6711-225-8, book ISBN 978-88-6711-226-5)

Dalla parte del torto / di Adriano Todaro (ebook ISBN 978-88-6711-227-2, book ISBN 978-88-6711-228-9)

Poesia:

Il bambino è il mondo / di Emanuele Gentile (ISBN 978-88-6711-197-8)

Raccolta di pensieri / di Adele Fossati (ISBN 978-88-6711-190-9)

Iridea / poesie di Alice Molino, foto di Piero Buscemi (ISBN 978-88-6711-159-6)

Il libro dei piccoli rifiuti molesti / di Victor Kusak (ISBN 978-88-6711-063-6)

L'isola ed altre catastrofi (2000-2010) di Sandro Letta (ISBN 978-88-6711-059-9)

La mancanza dei frigoriferi (1996-1997) / di Sergio Failla (ISBN 978-88-6711-057-5)

Stanze d'uomini e sole (1986-1996) / di Sergio Failla (ISBN 978-88-6711-039-1)

Fragma (1978-1983) / di Sergio Failla (ISBN 978-88-6711-093-3)

Raccolta differenziata n°5 : poesie 2016-2018 / di Victor Kusak (ISBN 978-88-6711-149-7)

Sonetti / di William Shakespeare ; tradotti in siciliano da Prospero Trigona (ISBN 978-88-6711-203)

Parole in versi / Adele Fossati (ISBN 978-88-6711-212)

Libri fotografici:

I ragni di Praha / di Sergio Failla (ISBN 978-88-6711-049-0)

Transiti / di Victor Kusak (ISBN 978-88-6711-055-1)

Ventimetri / di Victor Kusak (ISBN 978-88-6711-095-7)

Visioni d'Europa / di Benjamin Mino, 3 volumi (ISBN 978-88-6711-143_8)

Cortale, borgo di Calabria / Pasquale Riga (ISBN 978-88-6711-175-6)

Perduti luoghi ritrovati : Poggioreale Antica / di Roberta Giuffrida (ISBN 978-88-6711-191-6)

Edifici di città : Roma 2020-2021 / Pierluigi Moretti (ISBN 978-88-6711-199-2)

Opere di Ferdinando Leonzio:

Una storia socialista : Lentini 1956-2000 / di Ferdinando Leonzio (ISBN 978-88-6711-125-1)

Lentini 1892-1956 : Vicende politiche / di Ferdinando Leonzio (ISBN 978-88-6711-138-1)

Segretari e leader del socialismo italiano / di Ferdinando Leonzio (ISBN 978-88-6711-113-8)

Breve storia della socialdemocrazia slovacca / di Ferdinando Leonzio (ISBN 978-88-6711-115-2)

Donne del socialismo / di Ferdinando Leonzio (ISBN 978-88-6711-117-6)

La diaspora del socialismo italiano / di Ferdinando Leonzio (ISBN 978-88-6711-119-0)

Cento gocce di vita / di Ferdinando Leonzio (ISBN 978-88-6711-121-3)

La diaspora del comunismo italiano / di Ferdinando Leonzio (ISBN 978-88-6711-127-5)

Sei parole sui fumetti / di Ferdinando Leonzio (ISBN 978-88-6711-139-8)

Otello Marilli / di Ferdinando Leonzio (ISBN 978-88-6711-155-8)

La diaspora democristiana / di Ferdinando Leonzio (ISBN 978-88-6711-157-2)

Lentini nell'Italia repubblicana / di Ferdinando Leonzio (ebook ISBN 978-88-6711-161-9, book ISBN 978-88-6711-162-6)

Delfo Castro, il socialdemocratico / Ferdinando Leonzio (ebook ISBN 978-88-6711-169-5, book ISBN 978-88-6711-170-1)

La socialdemocrazia italiana fra scissioni e confluenze (1947-1998) / Ferdinando Leonzio (ebook ISBN 978-88-6711-177-0, book ISBN 978-88-6711-178-7)

Momenti di socialismo / di Ferdinando Leonzio (ebook ISBN 978-88-6711-207-4, book ISBN 978-88-6711-208-1)

L'Italia a fumetti / di Ferdinando Leonzio (ebook ISBN 978-88-6711-221-0, book ISBN 978-88-6711-222-7)

Parole rubate:

Scritti per Gianni Giuffrida: La nuova gestione unitaria dell'attività ispettiva: L'Ispettorato Nazionale del Lavoro / di Cristina Giuffrida (ISBN 978-88-6711-133-6)

WikiBooks:

La Carta del Carnaro 1920-2020 (ISBN 978-88-6711-183-1)

Webology : le "cose" del Web / a cura di Sergio Failla (ISBN 978-88-6711-185-5)

English books or bilingual:

Perduti luoghi ritrovati : Poggioreale Antica / di Roberta Giuffrida (ISBN 978-88-6711-196-6)

Visioni d'Europa - Europe's visions / di Benjamin Mino, 3 volumi (ISBN 978-88-6711-143_8)

Sonetti / di William Shakespeare ; tradotti in siciliano da Prospero Trigona (ISBN 978-88-6711-203)

Querelle / Piero Buscemi ; preface by Vincenzo Tripodo (ISBN 978-88-6711-209-8, press ISBN 978-88-6711-210-4)

Cataloghi:

ZeroBook: catalogo dei libri e delle idee 2012-...

Catalogo ZeroBook 2007

Catalogo ZeroBook 2006

Riviste e periodici:

Post/teca, antologia del meglio e del peggio del web italiano

ISSN 2282-2437

https://www.girodivite.it/-Post-teca-.html

Girodivite, segnali dalle città invisibili

ISSN 1970-7061

https://www.girodivite.it

il Notar Jacopo : rivista della Bibliotheca

https://https://www.girodivite.it/La-Biblioteca-di-OpenHouse.-
html

ZeroBook catalogo delle idee e dei libri

bimestrale

https://www.girodivite.it/-ZeroBook-free-catalogo-puoi-.html